받아들이고 있는 중입니다

받아들이고 있는 중입니다

지은이 | 이은혜
초판 발행 | 2024. 2. 28
등록번호 | 제1988-000080호
등록된 곳 | 서울특별시 용산구 서빙고로 65길 38
발행처 | 사단법인 두란노서원
영업부 | 2078-3352   FAX | 080-749-3705
출판부 | 2078-3331

책값은 뒤표지에 있습니다.
ISBN 978-89-531-4808-6 03230

독자의 의견을 기다립니다.
tpress@duranno.com www.duranno.com

두란노서원은 바울 사도가 3차 전도여행 때 에베소에서 성령 받은 제자들을 따로 세워 하나님의 말씀으로 양육하던 장소입니다. 사도행전 19장 8~20절의 정신에 따라 첫째 목회자를 돕는 사역과 평신도를 훈련시키는 사역, 둘째 세계선교(TIM)와 문서선교 (단행본·잡지) 사역, 셋째 예수문화 및 경배와 찬양 사역, 그리고 가정·상담 사역 등을 감당하고 있습니다. 1980년 12월 22일에 창립된 두란노서원은 주님 오실 때까지 이 사역들을 계속할 것입니다.

받아들이고 있는 중입니다

이은혜

글·그림

두란노

Contents

Part 4

영원한 삶이어서

Part 5

꿈꿀 수 있어서

"소망이 없었다면
세상은 멈춰 버렸을 것이다.
누구도 앞으로 나아가야 할
이유가 없으니까."

나는 지금 어딘지 모르는 바다로 떠밀려 왔다.
물의 압력과 온도가 내가 살던 곳과 다르다.
피부는 거칠어졌고, 호흡은 점점 더 가빠 온다.
하지만 이곳에 적응해야만 한다.
다시 나의 바다로 돌아가기 위해
깨어서 살아야 한다.

내 안의 회귀본능은
나를 옳은 방향으로 움직여 줄 것이다.
나와 같은 사람들이 있는 곳으로.
그곳으로 돌아가면 나는 다시 마음껏 숨을 쉬고
즐겁게 춤출 것이다.

그것이 하나도 이상하지 않은
나의 세상에서.

바람이 분다,
오늘도 어김없이.
바람은 고맙게도 삶에 역동을 일으킨다.
얼굴로 불어오는 바람은
내가 가야 할 곳으로 걸음을 뗄 수 있는 의지를 불어넣어 주고,
등으로 불어오는 바람은
그것에 떠밀려 순응하여 가게 한다.
결국 모든 바람은 인생에 리듬을 그려 낸다.

Part 1

소망을 찾아서

눈 뜨다

　어느 날부터인가 눈꺼풀이 무겁게 느껴지더니 어떤 날은 유난히 눈을 뜨기가 불편했다. 왜일까 곰곰이 생각하다가도 일에 집중하면 그 생각이 잊히곤 했다. 그러기를 몇 번 반복하더니 해가 바뀌고, '83년생 이은혜'는 마흔 살이 되었다. 앞자리 숫자가 바뀌면서 비로소 나는 이 불편함의 이유를 단번에 알게 되었다. 기어코 '늙음'이 나에게 오고 말았구나. 눈이 잘 떠지지 않음으로 나는 늙음에 눈을 떴다.

　두 아이를 낳고 30대를 휘몰아치듯 보낸 덕에 눈꼬리의 변화를 감지하지 못했다. 하나님은 쌍꺼풀을 그어야 할 자리에 소량의 흙을 더하셔서 도톰한 매력을 가진 내 눈꺼풀을

12

완성하셨다. 이 무쌍의 볼록한 눈꺼풀이야말로 연애 시절부터 나와 우리 남편의 사랑을 독차지했던 귀여움의 상징이자 자랑이 아닌가. 그만큼 소중히 지켜야 할 나의 눈두덩이에, 미래의 언젠가는 과학의 힘을 빌려야 할 날이 올지도 모른다고 생각하니 불안이 엄습했다. 동안으로 살아왔던 얼굴은 눈꼬리가 처지는 동시에 볼살마저 실종되고, 모공이 열리며 표정을 따라 생기는 주름이 슬며시 발자국을 내기 시작했다. 젊을 땐 젊음을 알아채지 못하더니 늙음에 도달하자 젊음을 깨달았다.

이 낯설고 슬픈 깨달음 앞에서 나는 무엇을 해야 하나. 또 한 번의 과도기에 들어섰다. 사람은 그 어떤 것에도 적응할 수밖에 없는 존재이기에 살다 보면 늙는다는 자각도 무뎌질 터다. 하지만 무엇과 무엇 사이의 시간 안에서는 늘 감정과 생각의 밀도가 높기 마련이다.

눈을 감고 오래도록 내 얼굴을 들여다보았다. 이마에서 턱까지 시선이 흐른 뒤 눈동자는 마지막으로 자기 자신을 바라본다. 아, 하나님이 사람에게 늙지 않는 한 가지를 남겨 두셨구나.

궁극의 '눈빛!'

눈이 내보내는 생기는 생명과 함께 변함없이 보존되어, 그 생명이 깊은 소망 가운데 거할수록 더욱 반짝일 것이다. 그 빛은 영원히 젊고 아름다우니, 늙음에 대한 한숨과 실망을 잠시 거두어 보자.

받아들이는 중

　사람마다 체질이 다르다고 한다. 한의원에서 체질 검사를 받은 적이 있는데 내 몸에 어울리는 환경이나 음식이 따로 있단다. 체질에 따른 음식군을 보니 내 체질로는 먹을 수 있는 것이 별로 없다. 요약하자면 고기는 절대 안 되고 가능한 것은 고작 생선과 야채 정도. 몸을 위해 받은 검사인데 스트레스가 더 쌓인다. 그러다 보니 평소에는 결과지의 항목에 매이지 않고 대부분의 음식을 섭취하는 편이다. 다만 몸이 좋지 않을 때는 체질에 맞는 것들을 따르려고 한다. 건강할 때는 체질에 안 맞는 음식이라도 버틸 힘이 있지만, 건강이 상하면 수용 가능한 범위가 줄어드는 것 같다. 몸조차도 웬만하면 저마다의 결을 따라 주는 것이 좋다는 생각이다.

되도록 '자연스럽게' 살고 싶다.

내게는 무엇을 향한 의지가 있을 때 그 목표를 향해 행동해 나가는 것이 또 하나의 '자연스러움'이다. 지금껏 그렇게 사는 것이 가능했고 당연했다. 그러나 어느 시점부터 삶이 나에게 보여 주는 자연스러움은 내 의지가 아닌 환경이나 타인의 의지에 따라 행동하는 것이었다. 이 세상은 법을 위반하지 않는 방식으로 내 자유를 야금야금 빼앗아 갔다. 그리고 나는 그 힘에 저항할 만한 능력이 없다는 것을 자꾸만 알게 된다. 이 동의할 수 없는 자연스러움을 어떻게 받아들일 것인가.

어떤 불안정한 상태에 대해 서둘러 마침표를 찍어야 편안함을 느끼는 나는 일을 처리하는 속도가 빠르고 관계에서도 해결해야 할 문제가 있으면 먼저 다가가는 편이다. 모래시계를 뒤집어 놓고 '준비—시작!'을 외치며 살다 보니 이제는 숨이 차다. 오늘의 숙제를 서둘러 끝내도 이어서 또 다른 숙제가 주어질 것이 뻔한데 빨리빨리 해결해 버리려는 성질이 어딜 가지 않는다. 한 번에 끝내기 벅찬 일들은 분량을 나누어 점진적으로 처리해야 한다는 것을 알면서도 말이다. 생각도 마찬가지다. 결론이 날 때까지 그 생각을 내려놓지 못한다. 그래서 깨달은 것이 많기도 하지만 단숨에 결론짓기 힘든 오늘과 같은 질문이 지속되면 괴롭기까지 하다.

문제를 대하는 태도에 관해 새로운 배움이 필요하다. 그래서 이번엔 나 자신과 타협해 보기로 한다. 살아가며 직면하는 낯선 순간들을 완전히 이해하고 인정하는 것이 어려울 때는 그냥 '받아들이고 있는 중'이라고 하면 어떨까 하고. 받아들인 것도, 거절한 것도 아닌 그 정도의 상태. 내가 받아들이기 싫은 현실에 거세게 저항하기 때문에 삶은 더 강하게 밀고 들어오는 것일지도 모른다. 그저 '받아들이는 중'이라고 한다면 언제라도 나는 또 하나님을 믿는 믿음 가운데서 삶에게 놀랄 만한 의견을 내놓을 테니.

그래서 저는 지금
받아들이고 있는 중입니다.
(조만간 거절할지도 모르지만요.)

시들었더라도

나를 억눌러야만 하는 일들이 계속될 때 주로 나는 이 표현을 쓴다.

'시들어 버린 것 같아.'

힘든 상황 속에서 사람마다 겪게 되는 감정 변화가 조금씩 다를 테지만 그 모든 과정은 생기를 잃어버리는 것으로 귀결되고 만다. 생기가 충만하다면 가만히 앉아 있어도 좋은 상태가 유지되지만, 시들어 버리는 중에는 어떤 일을 해도 기쁘지 않다.

생기를 유지하는 것에는 '상황을 어떻게 해석할 것인가?' 하는 개인의 생각이 큰 몫을 한다. 우리는 이해할 수 없는 상황 속에서 자꾸 '왜?'라고 질문하는데, 대부분 답을 찾기 힘들뿐더러 생각하느라 진이 다 빠진다. 이유와 의미를 찾는 데 쓰는 에너지가 크다. 그러나 의미를 찾는 질문의 과정은 누구에게나 자연스러운 일이고 꼭 필요하다. 질문이 있다는 것은 능동적인 삶의 태도에 대한 반증이기 때문이다. 이유도 묻지 말고 무조건 감사하라는 누군가의 말이 때론 폭력적으로 들릴 때가 있다는 것을 아는가. 감사에 이르기까지 과정이 필요하다. 그러므로 '왜?'라는 귀한 질문의 결론을 '답 없음'으로만 끝낼 것이 아니라 이후에 또 다른 생각으로 반드시 이어 가야 한다.

'지금은 모르지만 분명 좋은 이유가 있을 거야'라는 확신으로의 전환. 이것은 근거 없는 헛된 믿음이 아니라 내 삶의 인도자 되시는 하나님은 선하고 신실하시다는, 느슨해진 믿음의 끈을 꽉 조이는 작업이다. 그리고 그 믿음은 시간이 지나면서 어느 순간 사실로 증명된다. 하나님 안에서 답을 찾아간다면 반드시 영적인 유익이 따른다. 그러니 생각의 에너지 분배를 잘해야 한다. 가능한 남은 힘을 긁어모아 계속 살아 있기 위한 내 몫의 일을 해 나가야 한다. 그래서 나는 그림을 그리고 글을 쓴다. 하나님께 몰입하여 깨닫게 된 생각과 이미지를 쏟아내는 작업이 나에게는 최소 호흡을 유지할 수 있는 생명 활동이다.

시들었을지라도 살아 있음으로 살아가자.

가만히 있어도 보이지 않는 곳에서 흐르고 진동하며 쿵쾅거리는 우리의 몸처럼, 미동도 없는 것 같은 24시간을 힘 있게 나누고 쪼개어 그 틈으로 기쁨도 감사도 흐를 수 있도록.

표현하다

비전공자들과 함께 이미지 창작 수업을 하다 보면 진행자로서 좋은 점이 있다. 정형화되지 않은 다양하고 재미있는 표현을 풍성히 즐길 수 있다는 것이다. 감각의 표현이 숙련될수록 깊이 있는 아름다움이 우러나지만, 다듬어지지 않은 날것에는 나름의 순수한 매력이 있다. 사람마다 선을 긋는 느낌, 색을 칠하는 방식이 제각각 다른데 그럴 때 나는 그 부분이 그만의 개성이 될 수 있다고 말해 준다.

내게도 배우지 않았기 때문에 가능한 영역이 있다. 바로 글쓰기다. 나는 스스로 글 쓰는 사람이라는 생각을 잘 하지 않는다. 누군가 나를 글 작가라고 정의한다면 오히려 글 쓰는 일이 어려워질지도 모르겠다. 내가 지속적으로 글쓰기를 할 수 있는 이유는 '생각을 글자로 표현한다'고 여기기 때문이다.

나는 '표현하다'라는 동사를 참 좋아한다. 예술의 기본 속성이기도 하고 표현하는 것에는 '잘'이라는 부사가 굳이 따라올 필요가 없어서다. 내 생각을 정직하고 성실히, 나답게 표현한다면 전공자처럼 쓴 글은 아니더라도 다시 한번 읽고 싶은 글이 될 것이란 믿음이 있다. 그런 맥락에서 글쓰기는 그림 그리기와 시작점이 같다고 본다.

백지에는 따라 써야 하는 점선이 없다. 그래서 두렵기도 하지만 자유롭기도 하다. 나는 두려움보다 자유를 더 느끼는 편이다. 셀 수 없이 많은 흰 도화지에 그림을 그려 온 덕분인 것 같다. 두려움 앞에 세울 경험이 있다는 것은 참 감사한 일이다.

글과 그림 외에도 우리에게 24시간마다 주어지는 또 하나의 백지가 있다. '오늘'이라는 새 종이다. 그 위에 하루도 빠짐없이 우리의 삶이 기록된다. '밥을 먹었다'라는 반복되는 글자도 어떤 날은 또박또박 예쁘게, 또 어떤 날은 태풍이

몰아칠 때의 파도처럼 휘갈겨 써지기도 할 것이다. 반복되는 일상이어도 같은 페이지가 없을 것이다. 오늘은 백지 위에 어떤 내가 표현될까. 아니, 어떤 나를 표현하면 좋을까.

어제와 같아야 할 일도 없고 다음 페이지까지 고민할 필요도 없다. 매일 새로운 나를 표현할 기회가 주어진다는 것은 정말 굉장한 일이다. 삶이란 필체가 서툴면 서툰 대로 그 멋이 있으므로 적당히 빽빽하고 적당히 여유롭게 오늘의 한 페이지를 적어 내려가 보아야지.

잘하고 있다는 말

위 내시경 검사를 하러 갔다. 수면과 비수면 중 어떤 방법을 택할지 검사 직전까지 고민이 되었다. 비수면 검사가 시간을 아낄 수 있어 좋았지만, 2년 전 그에 관한 기억이 좋지 않았다. 호스가 몸속으로 사정없이 들어가는데, 옆으로 침을 흘리며 '이건 너무 폭력적이야'라고 끊임없이 되뇌었다. 내시경의 느낌을 최대한 머릿속으로 재생해 보는데 기억이 뚜렷하지 않아 더 겁이 났다. 아이 둘을 무통 주사 하나 없이 자연주의로 낳았으면서 내시경 검사 때문에 전날 밤잠을 설치다니 담력에도 나이가 있는 것 같다.

"비수면으로 할게요."

순간의 호기로움은 아직 살아 있나 보다. 검사대에 누웠는데 간호사에게 애처로운 눈으로 말했다.

"선생님, 제 손 좀 잡아 주세요."

검사가 진행되는 동안 간호사는 나를 토닥여 주었고, 의사는 나에게 계속 어떤 한마디를 되풀이해 주었다.

"잘하고 있어요."

잘하고 있다는 말이 이렇게 용기를 주는 문장이었나. 의사는 같은 말을 2분여 동안 스무 번 정도 해주었다. 호스를 입에서 뽑아 버리고 싶을 때마다 잘하고 있다는 말을 들으면 마음이 좀 가라앉았다. 그렇게 구역질을 열 번쯤 하고 나니 검사가 무사히 끝났다. 심지어 검사실을 나오면서 다음에도 비수면으로 할 수 있을 것 같다는 생각이 슬며시 들었다.

신기했다. 의사의 한마디 말 덕분에 비수면 검사가 또다시 도전해 볼 수 있을 기억으로 남았다는 사실이. 말로 사람을 살린다는 것이 이런 것인가 보다. 잘하고 있다는 말, 너무 흔해서 값지게 여기지 않았던 말. 그래서 잘 사용하지도 않았던 것 같다.

오늘, '잘하고 있다'는 말이 내 마음의 보물상자로 쏙 들어갔다. 소중하게 담아 두고 시시때때로 꺼내 쓸 예정이다. 이처럼 어떤 말 속에는 힘과 용기를 주는 격려가 들어 있다. 그런 말을 지니고 잘 사용하는 사람은 누군가를 다시 살게 하는 소망으로의 안내자가 될 것이다. 말이 주는 힘, 그리고 힘 있는 말을 소유한 사람에 대한 각성이 내시경의 고통보다 컸으니 오늘은 참 좋은 날이다.

가볍게 여기지 않는 마음

유독 기억에 남는 꿈이 있다. 대부분 의미 없이 흘러가다가도, 간혹 지독하게 슬픈 내용이 전개되기도 한다. 아주 오래전 아팠던 감정이 꿈에서 재현될 때면 깨어나서 무척 당황스럽다. 그 감정이 아직도 살아 있다니. 상처는 시간이 지나면 기억에서 흐려질 뿐 깊은 상처는 마음 어딘가에 생채기가 되어 남아 있는 듯하다.

상처에도 유익이 있을까? 고난을 통해 사람 내면의 깊이와 넓이가 생긴다고 한다면, 상처에 대해서는 쉽게 떠오르는 것이 없다. 고난은 뛰어넘어야 할 대상이 외부에 있지만, 상처는 내면에 있어서 대화의 주제가 되기도 쉽지 않다. 다만 자신의 상처를 외면하지 않고 잘 보듬어 주었던 사람은 다른 이의 상처에 예의를 갖추는 것 같다. 어떤 상처도 '가볍게 여기지 않는 것'이다.

하나님은 이웃을 사랑하라고 하셨는데 그게 어디 쉬운 일인가. 가깝지 않은 이웃이라면 더욱 어렵다. 그래서 사람과 사람 사이에는 사랑하는 마음 이전에 사랑하기 위한 태도가 필요하다. 나는 그 태도를 상대방의 어떤 것도 '가볍게 여기지 않는 마음'이라고 생각한다. 가끔 누군가에게 조심스럽게 나를 꺼내 놓았는데, 상대가 내 이야기를 별것 아닌 것처럼 대한다고 느낄 때가 있다. 나에게는 전부인 이야기가 그 사람에게는 관심 밖인지 금세 대화를 다른 화제로 넘겨 버리는 것이다. 그러고 나면 그 관계에 대한 내 진심은 거기서 끝이 나고 만다.

누군가 자신의 속마음과 생각을 내비치는 것은 관계를 발전시켜 나갈 의지가 있음을 보여 주는 것이다. 그에 대한 바람직한 반응은 내 기준에 따라 그 이야기에 대한 경중을 가릴 것이 아니라 공감하고 존중하는 태도를 갖는 것이다. 이해까지는 못 해도 말이다.

우리 사이에는 '경청'이 있어야 한다. 두 음절의 짧은 단어 안에 큰 마음이 들어 있어서 항상 지니고 다니기 어렵기도 하다. 하지만 말에, 삶에, 사람에게 정성스럽게 귀를 기울일 줄 안다면 사람을 사랑할 준비가 된 것이다. 어느 누구의 삶도 가볍게 여기지 말자. 세상에 가벼운 삶은 없다.

달래는 기술

종이는 올통볼통 미세한 요철을 가지고 있다. 멀리서 보면 매끈한 평면 같아도 가까이서 보면 희미한 음영을 발견할 수 있다. 그래서 소묘를 할 때는 처음부터 강한 톤을 써서 종이를 상하게 하기보다 종이 표면의 결을 손끝으로 느끼며 톤을 차곡차곡 쌓아 가는 것을 권장한다.

종이를 스치듯 쌓인 선들은 마치 눈송이가 먼저 내린 눈들의 결정체를 보존하며 사뿐히 포개어진 모습을 압축해 놓은 것과 비슷하다. 종이마다 굴곡의 정도와 모양도 제각각이라 종류별로 다른 느낌의 그림을 그릴 수 있다.

두께에 따라 종이를 구분하기도 한다. 종이의 중량은 보통 그램(g) 단위로 말하는데, 숫자가 작을수록 얇고 클수록 두껍다. 간단한 드로잉은 얇은 종이도 괜찮지만, 물을 사용하는 수채화나 아크릴화는 두꺼운 종이를 사용한다. 물을 적신 붓에 물감을 고루 묻혀 종이에 대어 보면 물감을 흡수하는 양이 종이마다 다르다. 어떤 종이는 물감을 충분히 머금기도 하고, 어떤 종이는 금세 구불구불해지거나 표면이 벗겨지기도 한다.

종이를 잘 알고 다루면 즐거운 손맛을 느낄 수 있다. 연필이 종이를 지나갈 때 내는 사각거리는 소리를 듣거나, 물감이 종이에 적절하게 스며들면 그림 그리는 시간이 즐겁다. 가끔 종이와 손발이 맞지 않는 경우가 있는데, 종이에 익숙하지 않을수록 그럴 확률이 높다. 마음이 급해 과하게 표현하거나, 그림을 수정하려고 자꾸 같은 부분을 만지다 보면 종이가 망가지고 만다.

그럴 때 좋은 방법이 있다. 바로 종이를 '달래는 것'이다. 우는 아이 달래듯 종이도 달래 주어야 한다. 수정이 어려운 부분은 잠시 놓아두고, 그 주변의 톤과 색채를 균형 있게 맞춰 준 다음 손상된 부위에 조심스럽게 몇 번의 터치를 얹어 주면 그림 전체를 살릴 수 있다. 이렇게 그림을 그릴 때는 '후퇴 없는 고집쟁이'로만 끝날 것이 아니라 상황에 따라 '유연한 중재자'가 되어야 한다.

그림의 원리들은 실제 삶에도 오묘하게 적용된다. 종이 달래는 기술이 그렇다. 나는 곧은 길 위에 있어야 하는 것들이 빗나가려고 하면 마음이 불편해진다. 사람도 그렇고 생각도 그렇다. 그래서 힘 있는 팔로 빗나간 것들을 원래 위치에 끌어다 놓으려 한다. 그러다 보면 후퇴 없는 고집쟁이의 모습이 되어 버린다. 같은 곳에 붓질을 자꾸만 하다가 구멍이 나기 직전까지 가는 형국이다.

힘으로 문제를 해결하려고 하면 또 다른 문제가 생긴다. 나는 왜 이제까지 종이만 달래고 있었나. 마음도 달래야 하는 것을. 내 마음도, 내 소중한 이들의 마음도. 노력과 결과는 비례하지 않는다며 열심히 분을 냈던 지난날이 떠오른다. 그중엔 시간을 두고 그저 살살 달래면 되었을 일이 많았다.

우리는 서로를 절대자에게 가까이 갈 수 있도록 돕는 중재자일 뿐이다. 그 이상의 역할을 하려는 내 안의 오만함을 경계해야겠다. 그리고 누군가를 위해 애쓰고 있는 나를 먼저 잘 달래 주어야지. 그 애씀이 사랑까지는 못 되어도 커—다란 애정이기에 가능한 거라고. 분명 이 고된 분투 속에 사랑으로 충만하신 구원자께서 일하고 계실 거라고.

그러기에 중재자가 가져야 할 유연함은 '인내'다. 정도를 지키되 포기하지 말자. 내가 목적을 두어야 할 것은 누군가의 변화가 아니라 나의 인내. 인내로 세워진 사람은 자그마치 소망스럽다. 내일의 나에게 부탁하는 바는 욕심 없이 가만히 그의 어깨를 토닥이며 함께 있어 주기를. 하루만큼의 인내를 부디 성공적으로 감당해 주기를.

내일의 나야, 미리 고맙다.
내 부탁을 들어주어서.

누군가와 함께할 때 맞이하게 되는
희생이라는 불편함은 여전히 반갑지 않지만
사랑 안에서 불편함은
혼자일 때의 외로움을 이긴다.

Part 2

사랑이 있어서

함께

둘이 걷는 것보다 혼자 걷는 것이 더 편하다. 과거 혼자 여행하는 사람들을 이해하지 못했던 내가 이제는 외로움과 불편함 중 하나를 택하라고 하면 전자에 손을 든다. 아마도 둘로 나눌 수 없는 분신 같은 남편과 아직은 독립적이지 않은 아이들이 정신적으로 24시간 연결되어 있기 때문일 터다.

소위 'K—장녀'로 살아온 나에게 누군가와 함께한다는 것은 그 대상을 바르게 지켜 내야 할 책임감을 갖는다는 의미와도 같다. 물론 가족이란 나를 환하게 밝혀 주는 존재라는 사실을 잘 알고 있지만, 그럼에도 모른 척 둘러대는 복에 겨운 소리일 수 있다.

내가 잠시라도 자발적 외톨이를 자처하는 진짜 이유는 끊임없이 생성되는 새로운 만남들에 대한 피로감과, 살면서 겪어 온 많은 인물의 얽히고 설킨 관계도 때문이다. 상대방에 대한 배려인 것 같지만 억지 미소를 짓고 거짓된 친절을 베풀 때가 얼마나 많은가. 더는 새로운 관계를 맺을 여력을 잃어버릴 정도로 나의 소중하고 작은 삶은 '무의미한 관계'라는 더미들 속에 파묻혀 버린 듯하다.

그러나 그게 끝이 아니지 않은가. 생(生)은 결코 웅크리고만 있지 않다. 개인의 의지와 상관없이 더듬이를 내밀어 무언가를 끊임없이 찾는다. 살아 있는 나를 따뜻하고 몽글몽글하게 만들어 억눌린 것들로부터 빠져나오게 해줄 그 무언가를.

가만히 생각을 더듬어 보니 그것은 또한 '사랑'이다. 우리가 누군가의 진짜 사랑을 감지하게 되는 순간 '함께'라는 가치는 다른 차원으로 이동한다.

7월의 복숭아

종종 무형의 개념이 형태를 가지게 될 때가 있다.

"집에 오기 전에 사과 한 봉지만 사다 줘요."
더워지는 날씨에 물김치를 만들었는데 맛이 좀 아쉬워서 곧 도착할 남편에게 부탁했다. 잠시 후 천천히 현관문이 열렸다. 그 사이로 보이는 남편의 손이 묵직하다. 하얀색의 커다란 비닐봉지 안에는 사과와 함께 복숭아가 들어 있다.

보송보송한 껍질, 영롱한 빛의 과즙을 머금고 있는 연분홍색 과육, 그리고 사랑스럽게 달큰한 고유의 향기. 섞어서 만들어 낼 수 없는 빨강, 노랑, 파랑의 삼원색처럼 나에게 다른 어떤 것으로도 대체 불가한 과일이 바로 복숭아다. 임신했을 때 개수를 세지도 않고 먹었던 그 과일이 요즘 여기저기 보이기 시작했는데 비싼 가격 때문에 엄두도 못 내던 중이었다. 그런데 뜻밖의 복숭아라니. 남편의 말로는 복숭아가 보이는 순간 이건 그냥 사야겠다는 생각만 들었다고 한다. 그것도 토실토실하게 알이 큰 것으로 말이다. 사랑이라는 무형의 개념이 하나의 구체적인 형태를 가지게 된 순간이다. 그 형태의 중심엔 값을 따질 생각조차 들지 않는 '직선의 마음'이 있었을 것이다.

생각해 보면 사랑하는 사람들은 모두 단순하다. 사랑하는 대상에게 도달하기 위해 지체할 틈이 없어 보인다. 사랑을 전하는 일에 가성비나 효율성을 따지지 않으며, 자신이 할 수 있는 최선보다 상대방이 누릴 최고의 것을 지향한다. 행동 결정의 기준이 나에게 있는 것이 아니라 상대방에게 있는 것이다. 그런 사랑을 받았던, 그리고 나 또한 누군가에게 그렇게 사랑을 표현했던 지점들이 날실과 씨실이 되어 사람이 지어져 가는 것 같다.

에스프레소, 청국장찌개, 너털웃음, 조각편지, 꽃반지….

이 단어들은 내 사전에선 모두 동의어다.

그곳에 고유명사 하나를 더 추가해 본다.

'7월의 복숭아.'

앞으로 매년 7월이 되면 오늘의 복숭아가 생각나겠지.

결혼기념일

　얼마 전 10주년 결혼기념일이었다. 결혼할 당시 10년 후란 언제 올지 모르는 까마득한 미래였는데 어느새 그날은 과거가 되어 버렸다. 멀리 있던 미래가 현재가 되는 일은 아직도 낯설고 신기하다. 남편과 나는 언제나처럼 집에서 기념사진을 찍고 가장 좋아하는 음식점과 카페에 갔다. 특별할 것이 없어 보이는 하루였다. 하지만 10년의 일상을 같이 보내 온 우리가 의미 있는 날 주저없이 같은 곳에 가고 싶어 했다는 사실이 그날을 특별하게 만들어 주었다. 그동안 꿈꿔 온 기념일은 아니었음에도, 함께 공유해 온 시간이 주는 선물을 깨달았던, 마음이 행복한 날이었다. 그리고 그때 우리를 향한 나의 관점이 바뀌었다는 것을 알았다.

이제까지는 사랑을 확인하기 위해 특별한 무언가를 해야만 한다고 생각했다. 그러나 지금의 나는 새로운 것을 하지 않아도 이미 우리에게 있는 특별함을 발견할 수 있게 된 것이다. 시간이 쌓아 준 디딤돌 위에서 조금은 어른으로 성장한 것일까. 남편에게 나는 여전히 어린아이 같고, 남편 또한 매 순간 완전하지 않지만 우리는 서로에게 언제나 사랑이다.

남편이 문득 사랑을 표현할 때마다 전해지는 진심이 (대부분 엉뚱하고 웃긴 방식으로 표현되지만) 짓누르던 모든 관계로부터 나를 구원한다. 내가 손을 뻗을 때마다 신실하게 잡아 주는 한 사람의 따뜻한 손이 삶을 다시 살아가게 하는 것이다.

여러 가지 어려운 일을 다 겪어 온 우리는 어느덧 반 백살을 향해 가는 중년의 부부가 되었다. 꽃무늬 원피스에 양말을 한껏 끌어올려 신은 할머니와, 슈트에 운동화를 즐겨 신는 할아버지가 될 때까지 더욱 아름답게 늙어 보려고 한다.

그런데 여보,
10주년 선물은 아직이네?

엄마

우리 엄마의 계절은 겨울이었다. 엄마가 모든 겨울바람을 막아 주었기 때문에, 나는 봄에 살 수 있었다. 그 얇은 봄바람에도 나는 여전히 휘청거리지만….

엄마는 예쁘고 사랑스럽다. 재능도 많다. 태어날 때부터 글을 잘 쓰고, 그림을 잘 그렸다. 지금도 엄마가 쓱쓱 그려 준 그림을 보면 내가 그 실력을 따라가지 못한다. 엄마는 꽃과 나무를 좋아한다. 나는 엄마로부터 꽃을 사랑하는 법을 배웠다. 엄마는 내가 아름다운 하늘을 보며 살 수 있는 아이로 자라면 좋겠다고 했다.

소녀같이 고운 엄마의 얼굴에 주름이 깊어진 이유가 여

럿 있는데, 그중 하나가 개척교회 사모여서일 것이다. 엄마
는 음식을 하면 꼭 누군가에게 나누었다. 엄마 스스로 기뻐
했고 전도의 방법도 되었기 때문이다. 손맛은 왜 또 그리 좋
은지. 사람들은 엄마의 나눔을 반겼고 좋아했다. 그런데 나
는 그런 엄마의 나눔을 좋아하지 않았다. 그건 엄마의 고생
을 나누는 일이었기에. 일곱 식구 챙기기도 버거운데 애써
만든 음식을 나누면 엄마는 또 새로운 요리를 해야 했다. 당
시는 주방 시설이나 환경이 그리 좋지 않았다. 교회에 부엌
이 없던 수년간은 매번 그릇을 바구니에 담아 뒷마당으로 가
가족이 번갈아 가며 찬물로 설거지를 해야 했다.

　환경도 환경이지만 사실 그보다 더 어려운 것은 사람이
다. 엄마가 흘린 눈물은 모두 사람 때문이었다. 그러나 우리
엄마는 모든 어려움을 인내했다. 환경도 사람도. 그러지 못
했다면 엄마가 막고 있던 거센 바람은 분명히 네 명의 딸들
에게 불어닥쳤을 것이다.

　다정한 말을 잘 하지 못하는 나는, 엄마의 감정을 내 안
에 공유하는 것으로 엄마도 모르게 엄마를 위로했다. 그러
는 새에 나는 엄마를 닮아 왔다. 쇼핑을 가면 이제 좀 세련되
게 보여야 한다며 엄마에게 단순한 저채도 색감의 옷을 골라

주던 딸이었는데, 이제 자기 옷은 어깨가 풍성한 꽃무늬 원피스를 고르고 있다. '이거 어디서 봤던 옷인데' 하면 엄마가 지금 내 나이쯤에 찍었던 사진 속 원피스랑 비슷하다. 취향마저 엄마를 따라간다.

엄마는 겨울의 삶을 살았지만, 나에게 봄이 되어 주었다.
엄마의 삶이 그려 낸 바람의 곡선은 너무나 따뜻하고 아름답다.
엄마는 참 좋겠다. 내가 다 알아줘서.

바나나머핀맘

나는 먹거리에 예민한 편이다. 처음부터 그랬던 것은 아니다. 먹거리에 대한 관심은 아이를 낳고부터 시작됐다. 그 전에는 음식의 재료와 성분을 따지는 것에 대한 개념조차 없었다. 이제까지 살면서 내가 먹었던 조미료만 모아도 족히 수십 그릇은 될 거다. 결혼 전에는 일찍 건강한 먹거리에 눈 뜬 동생이 유기농 야채를 구입한다고 할 때 유난을 떤다고 핀잔을 주기까지 하던 나였다.

그런데 갓 태어난 이 아기 사람을 보라. 외부 세계로부터 철저히 보호되었던, 먼지 한 톨의 오염도 없는 자궁에서 막 나온 따뜻하고 말랑한 작은 생명체를. 그 순수의 결정체에게는 피부에 닿는 것부터 입에 들어가는 것 하나하나가 안전해야만 한다는 것을 엄마의 본능으로 느꼈다. 세상에 태어나서 처음 마시는 공기에 미세먼지가 섞여 있는 것도 미안한데, 음식이라도 최대한 구분해서 아기 몸속에 나쁜 것들이 흡수되지 않도록 지켜 내야 하지 않겠는가.

이것이 마치 내게 사명처럼 여겨졌다. 그래서 모유 수유를 하면서는 커피도 마시지 않았고 매운 음식도 멀리했다. 이유식을 만들 때는 소금 대신 야채스톡을 사용해야 한다며, 들통에 온갖 채소를 넣고 밤새 채수를 내기도 했다. 그런 노력에 화답하듯 아이는 아무 간도 하지 않은 찐 브로콜리도 잘 먹어 주었다.

그러나 내 노력의 상승곡선은 어느 기점을 시작으로 곤두박질치기 시작했다. 등잔 밑이 어둡다고 했었나. 나의 가장 큰 적은 교회에 있었다. 어린이 예배에 갔다가 간식으로 받아 온 젤리는 아이가 세상의 맛에 눈뜨게 해주었다. 또 교회에 오가며 받아 온 사랑의 알사탕들은 파프리카의 단맛 따위는 다시 맛보고 싶지 않도록 하기에 충분했다. 그렇게 아이는 즐겁게 세상의 맛에 물들어 갔다.

아이는 자라서 열 살이 되었다. 요즘은 집에서 먹는 음식보다 밖에서 먹고 오는 음식이 더 많다. 곧 있으면 신발 크기가 나를 따라잡을 정도라 예전만큼 보호 본능을 일으키지도 않는다. 성장기 어린이는 먹고 또 먹어도 배가 고프단다. 그저 무엇이든 오늘 하루 양껏 잘 먹었으면 감사한 일이다.

그러다가도 가끔 아이가 아파서 음식을 잘 먹지 못할 때가 오면 나는 의연히 유기농 통밀가루와, 이즈니버터, 그리고 동물복지 계란을 주문한다. 설탕 대신 점박이 바나나를 으깨 재료들을 한데 섞어 오븐에 구워 주면 참을 수 없이 고소한 냄새가 온 집안을 가득 메운다. 그러면 아팠던 아이도 머핀 두세 개를 순식간에 먹어 치운다. 갓 구워져 나온 바나나 머핀은 앞으로도 식지 않을 아이들을 향한 나의 사랑이다. 아이들은 이따금 나를 '바나나머핀맘'이라 부른다.

아이야,
살아가다 힘든 순간이 오면 따뜻한 바나나 머핀을 기억하렴.

조각편지

이제 글자를 막 알기 시작한 둘째 아이는 이따금 나에게
조각편지를 써 준다. 내가 요리를 하고 있을 때나 어딘가에
지친 모습으로 앉아 있을 때 방으로 뽀르르 달려가 작은 종
이를 오려 글씨를 적어 온다. 거기에는 한결같이 고운 아이
의 마음이 쓰여 있다.

'엄마 힘내세요. 사랑해요. 키워 주서서 고마워요.'

서툴게 꼭꼭 눌러 쓴 글씨가 얼마나 사랑스러운지. 내 지
갑은 삐뚤삐뚤한 조각편지로 가득하다.

어제는 주머니에 두세 번 작게 접은 종이를 넣어 주고 갔
는데 펼쳐 보니 이렇게 적혀 있었다.

'7월 12일에 흔들어차차 사 준다.'

보자마자 웃음이 터져 나왔다. ('흔들어차차'는 젤리 이름인데 그 안에 띠부씰이 들어 있다.) 쪽지의 장르가 바뀌었다. 응원이 아니라 요청이다. 아니, 최면술인가? 미래를 기정사실화 시킨 평서문이라니. 정확한 날짜와 문체로부터 전달된 그녀의 강한 의지가 나를 압도했다. 결국 아이는 원하던 것을 얻었다, 7월 12일에.

"엄마, 왜 갖고 싶던 물건은 사고 나면 시시해져?"

아이는 어린 나이에 세상의 이치를 깨달았다. 우리 집엔 온갖 종류의 색칠공부 책이 한가득 쌓여 있다. 비싼 장난감은 못 사 줘도 그림을 좋아하는 아이에게 색칠공부 책은 원하는 대로 사 주었다. 그러다가 동네 문구점에서 다른 살 만한 책이 없다고 느꼈을 때 아이는 진실을 고백했다.

아이는 내가 생각하는 것보다 더 많은 것을 알고 있었다. 아이 손에는 띠부씰이 꼭 쥐어 있었다. 아이의 눈동자를 보니 이 띠부씰도 곧 색칠공부 책과 마찬가지가 될 거라는 사실을 벌써 예감하는 듯하다.

대부분 새로운 것들은 시간이 지나면 싫증 나기 마련이

지만 그렇지 않은 한 가지가 있다. 마음이 담긴 물건이다. 나는 아이의 조각편지가 시간이 지나도 시시해지지 않는다. 결코 그럴 수 없다. 그 많은 것 중 하나라도 소중하지 않은 것이 없다. 시간이 지날수록 더욱 그렇다. 얇은 종이 한 장이라도 마음이 들어간 물건은 그 마음 그대로 흩어지지 않은 채 온기가 화석처럼 남는다.

나는 이제 어른이 되어서 무언가에 마음을 담는다는 것이 쉽지만 어렵고, 좋지만 두렵기도 하다. 그런데 어쩜 아이는 이 일이 쉽고 좋기만 할까. 세상에 이리 무해한 존재가 또 있을까. 때때로 조각편지를 꺼내 만지작거리다 보면 얼굴에 금세 미소가 지어진다. 아이의 사랑은 나를 살게 하는 또 하나의 힘이다.

두 남매

결혼 전 교회 건물 1층에 자그마한 내 작업실이 있었다. 화이트 앤 우드로 톤을 맞춘 감성적인 공간에서 그림을 그리고 소소하게 워크샵도 열었다. 작업실이란 장소가 주는 특별한 공기가 있었는데, 그곳에 들어오는 사람들은 누구나 눈을 반짝였다.

작업실 옆 단층 건물엔 젊은 할머니 한 분이 구제 옷 장사를 하셨다. 금이 간 벽으로 둘러싸인, 두세 평 되는 공간엔 아래위로 빽빽하게 헌 옷들이 걸려 있었다. 간판도 없는 데다 모든 것이 허름하여 가게라 이름을 붙이기도 어려웠다. 어르신은 장사하며 홀로 두 명의 손주를 키우셨다. 가게도 집도 아닌 곳에서 할머니와 다섯 살 된 남자아이, 세 살 된 여자아이가 함께 지냈다.

할머니는 종종 낮 동안 가게 문을 자물쇠로 잠가 두었다. 동네 사람들은 할머니가 시장에 옷을 떼러 갔다는 뜻으로 알아들었다. 하지만 누구도 아이 둘이 할머니를 기다리며 그 안에 갇혀 있을 거란 생각은 못 했다. 아무 사고가 없어서 다행이었지, 지금도 그 생각만 하면 아찔하다. 보호자 없이 시장 거리를 뛰어다니는 남매를 보고 있을 때면 내 마음에 멍이 들었다.

이웃사촌으로만 지내던 할머니가 교회에 나오시기 시작했다. 교회에서 하는 식사가 좋아서인지, 정말 기댈 만한 대상이 필요했는지 모르겠지만, 동기는 아무 상관이 없었다. 그저 그들과 더 깊이 소통할 수 있는 문이 열렸다는 사실에 우리 가족 모두가 기뻐했다. 나는 기회가 닿는 대로 어린 남매를 불러 간식을 주고 친절히 돌봐 주었다. 무엇보다 나는 아이들이 타인의 따뜻한 눈빛을 한 번이라도 더 받아 보았으면 했다. 그런 마음에 화답하듯 아이들도 나를 만날 때면 짓궂게 웃어 주었다.

내가 워크숍을 진행하고 있을 때면 남매는 유리문에 코

를 한껏 붙이고 안을 들여다보았다. 평소 같았으면 당연히 열어 주었을 문을 워크숍 시간만큼은 그러지 못했다. 그러다가 한번은 참여한 분들의 허락을 받고 아이들에게 책상 자리를 마련해 주었다. 제법 의젓하게 앉아 뭉뚝한 연필로 그림을 그리는 모습이 구성원의 일원으로 보일 정도였다.

남매는 그림을 그리다가 살며시 나를 올려다보고 쑥스러운 미소를 지었다. 귀하고 싱그러우며 사랑스러웠다. 적어도 내 작업실에 들어와 그림을 그리던 순간만큼은 그랬다. 그곳에서의 아이들은 누군가의 아들과 딸이 아닌 창조력 넘치는 꼬마 예술가일 뿐이었다. 오래지 않아 세 가족은 이사를 갔다. 그리고 이후의 소식은 알지 못한다.

아이를 낳고 키우면서 두 남매 생각이 날 때가 많다. 내가 어렸을 적 집 바로 옆에 우유 창고가 있었는데, 집 앞에서 세발자전거를 타고 놀 때면 누군가 내 손에 흰 우유를 하나씩 쥐여 주었다. 그 시절을 따뜻하게 기억하는 나처럼 남매에게도 작업실 옆에 살던 잠깐의 날들이 온기 있는 씨앗으로 심겼길 간절히 바란다.

십자가에서 떨어진 핏방울이
공허와 무지의 존재에 내렸다.
미동조차 없던 영혼에 붉은 파동이 일자
이 세상에
진동이 시작되었다.

껍데기로만 존재하던 우리의 세계는
맹렬한 생명의 울림으로 가득 채워졌으니,
비로소 우리는
충만함으로
찬연하게 살아갈 것이다.

Part 3

예수님이 계셔서

울림

내가 자란 집은 시장통 끄트머리에 있었다. 세련되고 정갈한 도시 한복판, 아직도 예스럽게 남아 있는 사람 냄새나는 곳이다. 학창 시절 밤늦게 공부를 마치고 집에 가는 길이면 노상의 떡볶이집 아주머니가 수고했다며 농익은 떡볶이를 가득 쥐여 주곤 했다.

사람들의 왕래가 잦은 우리 동네에 그날이 왔다. 병아리장수 아저씨가 초등학교 앞에 박스를 여는 날. 초등학생이었던 나는 엄마를 졸라 500원짜리 동전 두 개를 주고 병아리두 마리를 데려왔다. 우리 집 옥상에 자리를 잡고 자라난, 노랗게 빛나던 내 병아리들은 '학교 앞 병아리의 수명은 병아리에서 끝나고 만다'는 불변의 법칙을 깨뜨렸다. 녀석들은 마침내 닭이 되었다.

닭들이 운다. 아니, 울어 재낀다. 누군가 1990년대에 서울에서 닭 우는 소리를 들었다고 한다면 그건 틀림없는 사실이다. 이웃들은 소리의 근원을 찾아 나섰고, 나는 새벽마다 닭 울음 소리를 들으며 불안에 떨었다.

그러던 어느 날, 닭이 보이지 않았다. 아차, 우리 집엔 굳세고 용감한 할머니가 계셨지. 빈 닭장에 대한 불길함이 확신으로 바뀌었다. 분명 비명을 질렀지만, 소리가 목구멍 밖으로 나오지 않았다. 나는 뽀얀 국물에 정체불명의 하얀 고기가 올려져 있던 그날, 저녁을 먹지 않았다.

닭 소리가 커질수록 비극적 결말을 예감했던 나는 이 상황을 생각보다 덤덤히 받아들일 수 있었다. 그렇게 도시의 희귀한 소리가 사라졌을 무렵, 넉넉히 가족을 먹여 살리던 아빠가 돌연 신학교에 입학하셨다.

닭도 살고 토끼도 살았던, 시장통 끄트머리의 우리 집은 교회가 되었다. 20평 남짓한 공간에 일곱 식구가 띄엄띄엄

앉으니 공간이 제법 그득했다. 솜씨 좋은 엄마는 매주 꽃꽂이와 음식으로 교회의 멋과 맛을 담당하셨고, 나와 동생들은 반주부터 교사까지 때에 맞는 역할을 시의적절하게 해냈다. 작은 교회지만 모든 것이 충분했다. 우리 가족이 교회가 된 뒤로 거리엔 새로운 울림이 시작되었다.

"예수님이 다시 살아나셨어요."

부활절이 되면 꽤 많은 양의 달걀을 삶았다. 우리 네 자매는 가게마다 좋은 소식을 전하며 달걀을 나누어 드렸다. 예쁜 띠가 둘려진 부활절 달걀을 마다할 사람은 아무도 없었다. 시간이 지나면서 가족이 성도의 전부였던 우리만의 공간에도 새로운 사람들이 찾아왔다. 그중 누군가는 집사님이 되고, 권사님이 되셨다.

늦은 나이에 시작한 목회인 만큼 서툰 점이 많았지만, 아빠는 종의 마음을 지니고 계셨다. 겸손과 진심으로 모든 것을 아끼지 않고 성도들을 섬기셨다. 그런 아빠가 위엄 있게 세례를 줄 때면 나는 아무도 보지 못하게 통쾌한 미소를 지었다.

교회는 자라났다. 언제부턴가 성탄절이 되면 소소한 전야제를 하고 새벽송을 돌 수 있게 되었다. 주일학교 아이들이 제법 늘어 얼기설기 분장하고 연극도 했다. 세련되지 못했지만 모든 순간이 따뜻했다. 시간이 흘러 아이들은 그때의 내 나이만큼 되었을 것이다. 마리아 역할을 했던, 얼굴이 하얀 아이는 어떻게 자랐을까. 늦은 밤, 익숙한 집 앞에 서서 캐럴을 부르면 가족이나 다름없는 사람들이 문을 열고 간식을 챙겨 주던 성탄절의 알싸한 밤공기를 다시 한번 느껴 볼 수 있다면.

한 공간에 있었던 너와 나는 멀어진 각자의 자리에서 교회가 되었다. 우리는 여전히 같은 울림을 지니고 있다. 우리가 서로를 마주할 때마다 자연스럽게 섞이는 말들이 이를 증명해 준다. 세상에 남기고 갈 수 있는 유일한 것이 있다면 '내 삶이 이루어 낸 말들'일 터다. 손으로 만져지는 것들은 모두 사라질망정 소리는 남아 내 사랑하는 이들에게 여전한 내가 되어 줄 것이다. 소리로 그들의 마음에 닿아 울림이 된 나는 지금의 나보다 더 진하고 아름다울지도.

신호

삶의 예상치 못한 순간에 가끔 어떤 신호가 온다. 그 신호는 소리는 아니지만, 모스부호처럼 간격이 불규칙한 일련의 법칙 같은 것으로 나타난다.

구체적으로 말하자면 눈 밑이 떨리는 날엔 마그네슘 영양제, 작업 전 달짝지근한 커피가 필요한 밤엔 연유 라떼, 그리고 빵이 먹고 싶은 날엔 버터 프레즐과 같은 실물로 전달된다. 그러니까 가끔 나에게 필요한 것들이 개연성 없는 경로를 통해 (예를 들면 지인의 깜짝 선물 같은) 손에 들려지는 것이다.

그때마다 놀라는 것은 나는 그 필요들을 누구에게도 말한 적이 없다. 이것이 이 신호체계에서 반복되는 법칙이다.

이런 식으로 나는 나에 대해 모든 것을 알고 있는 전지전능한 발신자의 시야 안에서 살아간다.

나는 사실 이 신호의 목적과 발신자의 정체를 알고 있다. 첫 번째 목적은 보낸 이 스스로 자신의 존재와 건재함을 알리는 것, 두 번째는 나를 격려하고 응원하기 위함, 세 번째는 다음 신호를 기대하게 만드는 것이다.

지금으로부터 40여 년 전, 그분은 나를 세상이란 경기장에 던져 놓고는 모습을 감추셨다. 그 결과 나는 태어나면서부터 지금까지 세상의 온갖 힘든 경기를 다 뛰게 됐다. 종류도 어쩌나 다양한지 하나를 끝내면 매번 새로운 도전이 기다린다. 한 경기가 길어질수록 나는 점점 지쳐 가고, 당신은 나를 떠나 대체 어디 계시냐며 허공에 따져 묻기도 한다.

그러다 보면 어느 순간 뒤통수를 때리듯 메시지를 담은 신호가 도착한다. 내 취향을 가득 담은 선물을 앞세워 내가 지금 여기 있다고, 너를 계속 지켜보고 있었다고, 그러니 힘을 내라고 하시는 것이다. 그럴 때면 오랜만에 만난 주인을 반기는 강아지처럼 꼬리를 흔들고 싶지 않은데, 매번 나는 남편한테 같은 말을 한다.

"정말 하나님이 다 보고 계셔! 나를 얼마나 사랑하시는지 모르겠어."

이 모든 일의 시작점엔 하나님이 계시다. 모든 곳에 계시고, 모르는 것이 없으신 분. 하나님은 한 번도 나를 외면하신 적이 없다. 더 나아가 나를 적극적으로 돌보신다. 나의 필요를 넘어 마음까지 챙기신다. 사랑하는 사이에 감동을 받는 순간이 있다면 상대방이 좋아하는 소소한 것들을 기억하고 표현하는 것일 텐데 하나님의 선물도 나에게 그렇게 다가온다.

생각해 보면 하나님은 이미 우리를 위해 모든 것을 주셨다. 이 세상이 그렇다. 세상엔 우리가 극복하고 이겨 내야 할 장애물이 가득하지만, 그만큼 사람이 살아가는 데 필요한 모든 것을 조화롭게 갖추고 있지 않나. 세상은 본래 하나님이 사람에게 주신 삶의 터전이다. 하지만 우리는 항상 누리고 있는 것들을 잘 인식하지 못한다. 그래서 하나님은 우리가 그분의 공급을 깨닫도록 삶 속에 또 다른 작은 기적들을 계산 없이 베푸신다. 나는 이 상황에 대한 목적을 여러 가지로 적어 놓았지만 하나님은 한마디면 된다고 하실지도 모르겠다.

"그냥."

우리는 '그냥'이란 말을 대충 둘러댈 때 사용하곤 한다. 하지만 그 말이 '사랑해서'로 대체될 수 있을 때, 이보다 더

적절한 단어 선택은 없는 것 같다. 하나님은 우리에게 좋은 것들을 '그냥', 사랑하시기 때문에 주신다. 가는 것이 있으면 오는 것도 있어야 섭섭하지 않은 인간사의 이치 사이에서 '그냥'이 익숙하지 않을 뿐이다. 우리는 하나님의 이유 없는 사랑에 습관적으로 이유를 찾곤 한다. 그러나 우리가 기쁘고 행복하기만 하면 하나님이 말씀하시는 '그냥'의 가치는 순결하게 보존된다.

나는 내 삶에 도착할 미래의 신호를 기대한다. 계속되는 경주에서 넘어질 때도 있고 볼멘소리도 할 테지만 기다리는 것이 있다면 멈추지 않을 수 있다. 정말 만약에 앞으로 신호가 오지 않는다고 하더라도 실망하지 않을 것이다. 기다림 자체가 소망 가운데 있으니까. 그리고 이제까지 보내 주신 신호가 얼마나 많이 쌓여 있는지 아는가. 그 정도면 이미 충분하다.

와글와글한 정적

우리는 소리에 둘러싸여 있다. 바람, 나뭇잎, 물, 새들의 소리, 그리고 전자기기, 자동차, 발걸음, 말소리까지. 그러고 보면 귀의 수용 능력은 정말 대단하다. 멀리 있는 소리부터 가까운 소리까지 몇 겹의 층을 감당해 내고 있는지 모른다. 자기도 듣고 싶지 않은 소리가 있을 텐데 귀는 아무 말 없이 듣고만 있다.

세상의 소리는 귓가를 떠나지 않지만, 그 소리도 자신의 존재를 외면당할 때가 있다. 우리가 무언가에 집중할 때다. 그럴 때면 귀에 마개를 꽂은 것도 아닌데 외부 세계가 음소거된다. 자기주장이 강한 소리들 입장에서는 자존심 상할 만한 일이다.

그 무음의 세계에는 이따금 또 다른 종류의 소리가 찾아
온다. 머릿속에서 출발한 소리다. 어떻게 보면 제일 요란한
소리는 안에서 난다. 외부 소리에는 고막이라는 완충재가
있지만, 머리에서 나는 소리는 가림막이 없다. 나는 이 상태
를 '와글와글한 정적'이라고 부른다.

생각의 나라가 열리면 나는 제일 먼저 그림으로 그리고
싶은 이미지들을 떠올린다. 손 그림을 그리는 사람에게는
이곳이 참 좋을 수밖에 없다. 힘들이지 않아도 마음껏 수정
이 가능하다. 그러다가 흥미로운 단어들을 몇 개 끄집어내
조합도 해 보고 다음 순서로 떠나고 싶은 여행지를 나열한
다. 시간이 길어지면 어제 했던 행동을 반성하면서 그때 좀
더 멋진 말을 할 걸, 아쉬워도 해 본다. 자주 연락하지 못하
는 먼 데 있는 친구 생각을 하다가 웃겼던 일이 불쑥 떠올라
실제로 웃음이 날 때면 갑자기 현실 세계로 돌아온다. 이렇
게 생각이 와글와글해지면 좀 시끄럽긴 해도 즐겁다. 아무
것도 하지 않을 때 사실 나는 가장 창조적인 존재가 된다.

이 위장된 정적 속에 더 깊은 정적이 흐르는 때가 온다.

세상의 소리도, 생각의 소리도 멈추는 진실로 고요한 순간, 거기에 주님이 계시다. 이 모든 소리를 나 혼자만 들은 게 아니었다. 그래서 잠시 멋쩍기도 한데, 또 그래서 기쁘다. 참으로 나다운 나를 아는 존재가 계신다는 것이. 세상에서는 타인과 관계를 맺으려면 매번 자신에 대한 정보를 제공해야 하지만 주님께는 그럴 필요가 없다. 그분은 내 안에 실시간으로 함께하셔서 어느 시점에 만나도 자연스럽다. 그분의 나에 대한 이해는 조금의 오류도 없이 정확하고 입체적이다. 그런 분의 공감이 늘 나를 안도와 평안으로 충만하게 한다.

맥스 루케이도(Max Lucado)의 책 《너는 특별하단다》의 마지막에 나오는 이야기다. 목수인 엘리 아저씨로 묘사된 하나님이 펀치넬로에게 매일 자신을 찾아오라고 말씀하신다. 그러면 앞으로 내가 소중히 여기는 특별한 너로 살아가게 될 거라고, 다른 사람들의 시선과 판단으로부터 자유로워질 것이라고 말이다. 이제부터 하나님을 만나러 가게 될 펀치넬로의 매일이 우리가 살아가야 할 일상의 모습으로 그려진다. 소리의 길을 지나 고요한 정적 속으로 힘껏 들어가자. 그분을 만나 진정한 나로 살아갈 수 있도록. 우리 모두에겐 엘리 아저씨가 필요하다.

벽돌 깨기

어린 시절 집 바로 맞은편에 오락실이 하나 있었다. 지금이야 스마트폰으로 어디서나 게임을 할 수 있지만, 당시 게임을 접할 수 있는 곳은 오락실뿐이었다. 하지만 그때의 부모님들은 오락실을 금기시했다. 우리 부모님도 마찬가지였다.

오락실 앞에는 까만색 곰 모양의 조형물이 두 개 있었다. 오락실 윗집에 사는 동갑내기 친구와 나는 거기에 기대 잡담을 나누며 오락실에서 나는 효과음 소리에 귀를 기울이곤 했다.

그무렵 나에게도 오락실이 허락되는 날이 있었다. 일 년에 두 번, 친척들이 우리 집에 놀러 오는 설날과 추석이다. 그날이 되면 동전을 두둑이 들고 당당한 발걸음으로 집 앞을

가로지른다. 매일 밖에서 보기만 했던 알루미늄 문을 세차게 열면 희미했던 볼륨이 커지면서 미지의 세계가 펼쳐진다. 오색찬란하게 번쩍이는 화면들로 가득 찬 판타지의 세계, 그야말로 눈이 빙글빙글 돌아가는 광경이다. 보글보글부터 비행기게임, 그리고 대망의 슈퍼마리오까지. 차례차례 게임을 끝내고 나면 포만감과 아쉬움이 함께 몰려오곤 했다.

말씀 묵상에 대해 이런저런 생각을 하다가 엉뚱하게도 빨간 모자에 멜빵바지를 입은 마리오가 떠올랐다. 게임에서는 마리오가 벽돌을 칠 때마다 점수가 올라간다. 특별히 물음표가 그려진 벽돌을 치면 버섯이 나오는데, 그걸 먹으면 몸이 커지면서 힘도 세진다. 그래서 눈에 불을 켜고 물음표 벽돌을 향해 조이스틱을 휘두르곤 했다.

나도 마리오처럼 벽돌을 칠 때가 있다. 녹록지 않은 삶 속에서 힘을 낼 왕 버섯을 좀 달라고 말씀을 두들긴다. 난관에 부딪힐 때마다 제일 먼저 말씀으로 달려가니 다행이다. 그런데 거기에 약간의 함정이 있다. 벽돌을 치듯 말씀을 대하면 내가 보기에 좋은 단어들을 부분적으로 수집하고, 그래서 가끔 말씀을 잘못 이해하기도 하는 것이다.

삶의 문제들에 대한 답은 반드시 말씀 속에서 찾아야 하지만 내가 중심이 된 말씀 읽기가 아닌 하나님의 뜻하신 바를 찾고자 하는 의도로 말씀에 접근해야 한다. 그럴 때 버섯이 나오는 벽돌이 아니라 하나님이 그려 놓으신 세계가 보인다. 그리고 진짜 쳐서 깨뜨려야 할 벽돌은 내 안에 있다는 것을 깨닫는다. 그렇게 하나님을 통해 나를 발견하게 되면 거기에서 믿음이라는 힘이 자라난다. 말씀에 뿌리를 내리고 자라난 믿음은 악당을 만난다고 해서 다시 줄어들지 않는다.

서점에 가면 위로와 힘을 주는 책들이 즐비하게 늘어서 있다. 하나같이 너무나 좋은 내용인데 읽고 나면 마음 한구석이 헛헛하다. 핵심이 빠져 있기 때문일 것이다. 하나님을 빼놓고는 삶의 중심에 이를 수 없다. 성경 또한 읽기의 시작점에 내가 있다면 서점에 즐비한 책들과 다를 바 없게 된다. 모든 진리의 처음과 끝은 하나님이시다. 지금 서 있는 자리에서 한 걸음 뒤로 물러나, 사각 프레임 너머로 보이는 그분의 우주 속에서 지속 가능한 힘을 키워 나가기를.

단순한 처방

한동안 오른쪽 아래 치아에 치실을 할 때마다 피가 나고 욱신거렸다. 이가 또 말썽이다. 약한 치아 덕분에 그동안 얼마나 치과를 들락날락했던가. 치과는 정말이지 다시는 가고 싶지 않은 곳 중 하나다. 통증을 무시하려고 애썼지만, 감각 신경의 종착역은 늘 보통 이상의 자극이다.

무서워서 미루던 일을 결국 해냈다. 치과 예약하기. 해야 하지만 하기 싫었던 일을 하게 된다면 그건 불안이 자신의 용량을 꽉 채웠다는 뜻이다. 불안과 두려움은 비슷한 것 같지만 해결 방식에 차이가 있다. 두려움은 무언가를 향한 도전의 기회를 차단하지만, 불안은 그 감정의 이유를 제거할 만한 행동을 하게 만든다는 점에서 다른 결과를 낸다. 그래서 두려움은 버려야 하고 불안은 적절한 대응을 통해 해소해야만 한다.

그렇게 불안이 코끝까지 차오른 때에 방문한 치과에서 선생님의 처방은 무안할 만큼 쉽고(아프지 않고) 단순했다.

"아픈 곳에 치실을 사용하지 마세요."

치료가 아니라 금지였다. 치료는 무언가를 더 해야 하지만 금지는 하던 것을 멈추기만 하면 될 것이었다. 치과에서 이렇게 홀가분하게 나올 때는 하루의 나머지를 넉넉한 마음으로 보낼 수 있는 감정의 보너스를 받는다. 이때 누군가를 만나면 기꺼이 밥을 산다.

영적인 질병 중에 있는 우리를 향한 예수님의 처방 또한 간결하다. 예수님은 치료를 위한 모든 아픔은 우리 대신 당신이 이미 다 당하셨으니, 우리에게는 그저 다시 아프지 않도록 좋지 않은 것들을 멈추라고 하신다. 그분이 내리신 처방전 위의 텍스트들은 우리를 향한 통제나 시험이 아니라 사랑이다. 때론 '하는 것'보다 '하지 않는 것'이 더 어렵지만, 우리 안에 하지 않을 수 있는 결단이 예수님의 사랑을 아는 것으로부터 솟아나길 소망한다.

아들의 피

"아악!"

뒤를 돌아보니 내 뒤에서 길을 걷던 첫째 아이가 소리를 지르며 바들바들 떨고 있다. 그리고 곧 입에서 피가 후두둑 떨어졌다. 이게 어떻게 된 상황인지 전혀 몰랐지만, 그보다 먼저 다친 부위를 확인해야 했다.

아이의 입 안을 살피는데 피가 가득 고여 있었다. 정확히 어디를 다쳤는지 알 수가 없었다. 지체할 겨를이 없어 119에 전화를 걸었다. 나중에 알고 보니 보통의 어린이들이 그러하듯 길가에 높은 턱을 걷다가 발을 헛딛고 넘어져 연석에 얼굴을 부딪친 것이다.

홍건했던 피와 아들의 표정이 아직도 선명하다. 조금 더 책임감 있게 아이를 돌봤어야 했다는 어쩔 수 없는 자책이 들었다. 아이는 앞 영구치가 부러졌고 신경에 손상을 입었다. 누군가는 더 많이 다치지 않아서 다행이라고 했지만 사실 나는 그런 생각이 들지 않았다. 하필이면 앞니라니. 앞니가 소실되면 아이가 자라면서 여러 어려움을 겪게 될 것 아닌가. 내 생각은 오로지 거기에 머물러 있었다.

온 가족이 아이를 위해 간절히 기도했다. 한 달이 지난 지금 변색됐던 치아는 기적적으로 원래의 색을 되찾았다. 아이에게 생명이 흐르고 있다. 치과를 밥 먹듯이 오가던 중에 여름은 짙어져 장마가 시작되었다. 이번 장마 기간에는 비가 유난히 많이 내릴 예정이라고 한다. 의사 선생님은 아이의 신경이 아직 완성되지 않아 장기간 지켜봐야 한다고 말한다. 앞으로 치과를 몇 번이나 더 가게 될지 모르겠다. 길어지는 애달픔이 장맛비와 함께 지난한 계절의 습도를 더욱 높이고 있다.

자녀의 피를 본다는 건 부모에게 어떤 의미일까. 부모로 살고 있지만 정확한 구절로 표현을 못 하겠다. 그냥, 절대 보아서는 안 될 것을 보았다는 것, 그 정도밖에는.

온몸의 물과 피를 다 쏟으신 예수님을 하나님은 어떻게 견디신 걸까. 심지어 그 일을 스스로 계획하지 않으셨나. 하나님이 예수님의 피를 남김 없이 쏟아 버렸을 때 그분의 마음에는 일말의 망설임이 없으셨다. 좀 지켜보다가 안 되겠으면 모든 계획을 취소하고 아들을 도로 살리겠다는 생각 자체가 없으셨던 거다. 아들에 대한 완전한 포기다. 동시에 하나님 자신에 대한 포기이자 이것까지 가능하게 하는 하나님의 전능하심에 대한 완성이다.

나 따위 부스러기 인간 부모가 어떻게 하나님의 마음을 헤아리겠느냐마는, 그래도 아들의 피를 보았다는 교집합을 양손 가득 내밀어 본다. 자녀로서가 아닌 부모로서 하나님의 마음을 엿보려 하다니, 나도 이전보다 조금은 더 엄마가 되었나 보다.

향기가 가진 힘

　　향수 중에는 '나는 어떤 향기다'라고 직관적으로 말해 주는 향이 있다. 수많은 과일과 꽃향기 중엔 내가 특별히 좋아하는 것들도 있다. 그런 종류는 처음 맡자마자 고개를 끄덕이게 하는 톡 쏘는 매력이 있다. 그런데 가끔 정확히 알 수는 없지만, 코에 닿으면 어떤 장소나 과거의 한 시점을 떠올리게 하는 향이 있다. 그러면 그 향은 단순히 좋기만 한 것이 아니라 마음을 시큰하게 했다가 설레게도 한다.

　　좋지 않은 냄새를 가려 주고 개인의 개성을 표현할 수 있도록 돕는 것이 향수의 목적이지만, 만약 내가 조향사라면 나는 더 나아가 후각을 통해 마음에 파동을 일으키는 목적을

상위에 두고 싶을 것 같다. 그러면 향기는 기능을 뛰어넘어 힘을 가지게 된다. 사람의 마음을 어루만져 움직이게 하는 힘 말이다.

그리스도인의 향기가 그렇지 않을까. 나에게 예수님의 향기가 난다면 나를 통해 누군가가 예수님께로 인도되는 것이다. 그분의 향기는 거룩했던 에덴의 향수를 불러일으킨다. 우리의 정체성은 본능적 욕망을 가진 존재 이전에 거룩한 피조물로서의 본질이 먼저였다. 예수님을 모르던 사람이 그분의 향기를 느꼈다면, 그것은 그 영혼이 태초의 본성에 가 닿았다는 뜻이다. 그토록 좋은 그리스도의 향기를 한번 맡았다면 다시 돌아올 확률이 높다.

감탄과 환희의 탑 노트로 시작해 성숙의 미들 노트를 지나 희생과 헌신의 베이스 노트에 이르기까지, 우리의 신앙 여정에 많은 사람이 동참하면 좋겠다. 알고 보니 너에게 나던 그 향기의 이름은 '사랑'이었다고 깨닫도록.

그런 날

오늘은 금요일, 첫째 아이를 데리고 치과에 가는 날이다. 지하철을 타기 때문에 아이의 차비로 쓸 현금이 필요했다. 그런데 오늘따라 아무리 찾아봐도 현금이 보이지 않았다. 시계를 보니 예약한 시간이 다 되어 간다. 다급해진 걸음은 둘째 아이의 동전 지갑으로 향했다. 다녀와서 다시 넣어 줄 생각으로 서둘러 2천 원을 꺼냈다. 무엇 때문에 불길한 느낌은 꼭 들어맞는가. 첫째 아이가 그 장면을 다 보고 있었다. 그러더니 시선을 돌려 작은 소리로 독백하듯 말한다.

"엄마가 하임이 지갑에서 돈을 훔쳐 가네."

내 인생 최대의 실수다. 내가 한 행동은 자녀에게 절대 보이면 안 될 것이었다. 물이 엎질러졌다. 다시 담을 수는 없지만, 최대한 괜찮은 마무리를 해야 했다.

"아니야, 하율아, 아니야."

변명도 할 수 없어 아니라는 말만 반복했다. 나는 신속하게 지갑에 돈을 돌려 넣어 놓고는 현금을 인출하러 다녀왔다. 제발 아이가 이 일을 빨리 잊어 주길 바라면서.

저녁이 되었다. 아이들과 함께 철야 예배를 드리러 가야 했다. 그런데 둘째 아이의 몸 상태가 심상치 않았다. 아침 일찍 다녀온 병원에선 아이가 축농증에 중이염이 심한 상태라고 했다. 너무 늦은 시간에 아이들만 놓고 갈 수 없어서 오늘은 불가피하게 집에서 영상으로 예배를 드리기로 했다. 아이들을 잠자리에 눕혀 놓고 옆에 앉아 예배를 드리는데, 둘째 아이가 그런다.

"엄마, 엄마는 하나님보다 나를 더 사랑하네? 교회에 가서 예배드려야 하는데 나 때문에 집에 있으니까."

정적이 흘렀다. 아이의 입에서 나올 말이 아니었다. 어쩌면 아이이기에 가능한 말일지도 모르겠다. 어쨌든 적절한 대답이 떠오르지 않는 것만큼은 분명했다. 나는 당황한 얼굴로 머뭇거리다가 대꾸했다.

"아니야. 엄마는 하나님 더 사랑해. 그런데 하나님이 하임이를 너무 사랑하시니까 그런 너를 잘 돌봐야 하기도 하는 거야."

말을 들은 아이는 행복한 얼굴로 잠들었다. 그러나 나의 괴로움은 더할 나위 없이 컸다. 정말 내가 하나님을 더 사랑하는 것인지, 딸을 더 사랑하는 것인지 스스로 쉽게 답을 내리지 못하여.

한동안 눈이 떠지지 않았다.
하루 사이에 양쪽에서 강편치 두 방을 맞았더니 얼굴이 얼얼하다.

과거에서 의미를 꺼내고
미래에서 소망을 찾다 보니
자꾸 오늘이 뒤로 숨어 버린다.

영원을 바라보며
오늘을 귀하게 살아 내길.

이제부터
숨은 오늘 찾기
시작.

Part 4

영원한 삶이어서

오늘의 집

20대 끝자락의 여름, 나는 프랑스 외곽지역인 니스로 한 달 반의 긴 여행을 떠났다. 그곳에서 미술 유학 중인 후배와 함께 그림 작업을 하기로 했다.

드디어 기다리던 비행이 시작되었고, 샤를드골 공항에 도착 후 소형 비행기로 갈아탔다. 어딘지 묘한 기분이 들었다. 좌석에 앉아 슬며시 주위를 둘러보니 나를 제외한 모두가 금발이었다. 그렇게 유일하게 검은 머리 사람으로 도착한 니스의 밤공기는 이상하리만큼 포근했다. 그 묵직한 포근함은 앞으로 나에게 다가올 어려움들에 대한 전조된 위로였을까.

니스에 도착하고 3일이 지난 뒤, 후배로부터 시험 기간

인데 집중이 어렵다는 이유로 집을 나가 달라는 일방적 통보를 받았다. 그리고 얼마 지나지 않아 여행자금으로 준비해 갔던 현금 봉투가 그 집에서 통째로 사라졌다는 것을 알게 되었다.

머리가 하얘지고 아무 생각이 들지 않았다. 저렴한 항공권을 구매한 덕에 한국으로 돌아가는 일정도 변경할 수 없었다. 벌겋게 상기된 얼굴로 가져갔던 노트북을 켠 뒤 남은 날들에 대한 일정을 새로 짜기 시작했다. 사람으로부터 받은 이해 불가한 내상보다, '집'을 잃고 얻게 된 안전에 대한 불안이 더 크게 느껴졌다. 누군가를 미워할 겨를도 없이 나는 당장 적은 비용으로 지낼 수 있는 곳을 찾아야 했다.

니스를 떠나 이탈리아에 사는 지인의 도움으로 그곳 한인 교회에서 며칠을 머물렀다. 잠을 자고 있는데 피아노 소리에 이어 찬양 소리가 들렸다. 나는 분명 웅장한 역사를 자랑하는 콜로세움이 서 있고 트레비 분수가 찬란하게 물을 뿜고 있는 제국의 도시에 있는데, 새벽부터 일어나 우리말로 예배를 드리고 있었다.

이곳이 로마인지 한국인지 모를 기시감에서 빠져나올 새도 없이 예배는 또 다른 곳에서 이어졌다. 현지에서 사귄 친구의 권유로 '유럽 선교 콘퍼런스'에 참여한 것이다. 나를 포함한 한국인 수십 명이 유럽 선교를 위해 하루 종일 예배하며 기도했다.

그곳에서 만난 친구들과 영국으로 가면서 나는 성령 충만의 정점을 찍었다. 웨일즈와 북한을 위해 기도하는 '열방 부흥 축제'가 열렸던 것이다. 작가 신분으로 유유자적하며 인생에 쉽게 오지 않을 호사를 누려 보고자 시작한 니스에서의 한 달 살이는 가는 곳마다 말씀과 기도로 채워진 '나홀로 유럽 선교여행'이 되어 버렸다. 틈틈이 이국적인 풍경과 음식이 주는 소소한 행복을 누리기도 했고 그토록 좋아하는 거장들의 작품을 눈앞에서 마주하며 감탄하기도 했지만, 이 여행의 정체성은 '누가 뭐래도 선교'였다.

수많은 에피소드로 채워진 그날의 이야기들은 20대 후반 한 청년의 도전정신과 패기로 이루어진 일이 아니었다. 낯선 타지에서 집을 잃었기에 가까스로 살아남기 위한 투쟁의 결과였다. (본질적으로는 하나님의 주권 속에서 이루어진 그분의 선한 계획이었음을 믿어 의심치 않는다.)

이 여행 속에서 나는 '집'에 관한 고찰을 해 보지 않을 수 없다. 물론 여행지에서 내가 경험했던 집들은 숙소의 개념에 가까웠다. 그러나 이 세상의 시간을 영원에 비추어 본다면, 우리가 지금 살고 있는, 살고자 하는 온갖 집 또한 아주 잠시 머물다 떠날 하나의 숙소에 불과하다.

　앞으로 그토록 많은 집을 떠돌게 될 일이 또 있을까. 한 달이 넘는 시간 동안 며칠 단위로 이동해야 했던 공간들은 결코 내게 안정감을 줄 수 있는 안식처가 아니었다. 오늘의 집은 잠시 뒤면 떠나야 할 물리적인 공간에 지나지 않았다. 오랜 시간이 지난 지금까지도 잠시 머물고 난 뒤 신속하게 떠나는 삶의 행태를 나의 중추신경과 온몸이 또렷이 기억하고 있다.

　그래서 나는 언제라도 집을 이야기할 때면 마음속으로 이 수식어를 붙인다. '오늘의' 집. 현재 살고 있는 집을 하루 단위로 끊어 생각한다. 오늘의 내게 안전한 머물 곳을 제공해 주었다면 집은 그날의 역할을 다한 것이다. 집뿐만 아니라 모든 것을 하루 단위로 끊어 생각한다면 조금 더 단순하게 살아갈 수 있다. 과거를 쉽게 잊지 못하고, 현재보다 미래를 생각하는 나이기에 오늘에 조금 더 충실하여 살아가려는 나름의 방법인 셈이다. 그래야 하나님께 안정감을 둘 수 있으니까 말이다.

그 후로 3년 뒤, 남편을 만나 결혼을 하고 나 혼자 떠돌았던 유럽의 곳곳을 신혼여행으로 다시 찾았다. 이번에는 허름한 숙소가 아닌 호텔에서 지냈다. 길거리의 빵 대신 근사한 음식점에서 식사를 했다. 만감이 교차했다. 과거의 고생을 떠올리니 신분이 상승한 것 같은 우월감마저 들었다. 그러나 변하지 않은 것은 넓고 푹신한 침대와 깨끗한 욕실이 있는 그곳도 예약한 날이 지나면 떠나야 했다는 것. 오늘 내가 살고 있는 곳도, 그리고 이 세상의 날들도 하나님이 걸어놓으신 예약이 종료되는 날이 올 테니, 그러면 그러려니 하고 떠날 수 있도록 '오늘의 집'을 오늘만큼 살아가야지.

따르지 않을 수 있는 용기

바닷가에서 모래 놀이를 하던 두 아이가 대화를 나눈다. 여기서는 수영복을 입어도 괜찮지만 다른 곳에 가면 부끄럽다는 것이다. 나는 자연스럽게 대화에 끼어들었다.

"얘들아, 그게 문화라는 거야. 많은 사람이 함께하면 괜찮지만 혼자 하면 부끄러운 거."

문득 나 스스로 굉장한 말을 한 것 같아 작은 눈이 크게 떠졌지만 무심한 듯한 모습을 유지했다. 아이들이 이 내용을 기억하리라는 기대는 크게 하지 않았다. 그런데 웬걸, 시간이 한참 지난 어느 날 "엄마 그때 그랬잖아"라며 내가 했던 말을 그대로 이야기한다. 그렇다면 이제는 조금 더 심도 있는 이야기도 아이들과 나누어 볼 수 있겠다는 생각이 들었다.

내 자녀들이 문화를 따라 사람들과 잘 어우러져 모나지 않고 둥글게 살아가면 좋겠다. 부모라면 충분히 공감할 수 있는 바람일 것이다. 그런데 문제는 문화가 어떠한가에 있다. 과연 지금 우리가 접하고 있는 문화는 하나님이 기뻐하시는 뜻 안에 있는가.

이미 우리 삶 속에 깊숙이 자리하고 있는 여러 매체는 대중의 군주가 되어 문화를 선도해 간다. 그리고 대중은 조회수와 댓글의 반응에 따라 그 매체가 이야기하는 내용의 신뢰도를 결정한다. 동시다발적으로 여러 곳에서 삶의 철학들이 쏟아져 나오지만, 그것이 옳은지 깊이 사유할 틈이 없다. 이미 문화의 개념을 이해해 버릴 수 있을 정도로 자라난 아이들은 대중매체가 내뿜는 잘 포장된 메시지들을 무분별하게 흡수하고 있다.

세상은 인간 중심적 메시지를 전달한다. 하나님이 만드셨고 통치하시는 세상이지만 세상 문화는 철저히 하나님을 배제한다. 이 땅이 강조하고 있는 자기애, 사랑, 건강, 재미 등, 이 모두는 하나같이 좋은 가치들이다. 그러나 그것들이 향하고 있는 곳은 지금보다 더 나은 삶, 딱 거기까지다. 영적인 세계에 대한 유념이 없어 보인다. 보이지 않는 영원한 나라에 대한 무지가 세상으로부터 교회를 더욱 분리시키고 있다.

나는 이제 아이들에게 새로운 이야기를 한다.

"아무리 문화라도 하나님의 뜻이 아니라면 그것을 따르지 않을 수 있는 용기가 있어야 해. 성경을 통해 말씀하시는 것들이 곧 너희가 만들어 가야 할 문화인 거야."

사실 이렇게 말하면서도 마음이 편치 않다. 다수를 거스르는 삶이 얼마나 고되고 힘든지 알기 때문이다. 교회 밖 현실을 마주할 때마다 이 속에서 살아갈 아이들을 생각하면 심장이 덜컹 내려앉는다.

그래서 더욱 기도한다. 우리 자녀들이 살아가다가 세상 속에서 하나님을 향해 용기를 내야 할 때가 오면 모든 것을 이겨나갈 수 있는 담대함과 기쁨을 달라고. 함께 그 길을 걸어갈 수 있는 사람들을 만나게 해 달라고.

준비

나는 계획적인 성격이 아니지만, 집을 떠날 일이 생기면 한참 전부터 짐을 챙긴다. 시간을 얼마 안 남기고 짐을 싸다 보면 꼭 빼놓는 것들이 있어서다. 어디든 간소하게 다니자는 주의지만 아이들이 있으니 이것저것 챙겨야 할 물건이 많다.

가방을 미리 준비하는 이유가 하나 더 있는데, 짐을 싸다 보면 떠남에 대한 기대가 점점 커진다는 것이다. 여행의 설렘은 빈 여행 가방을 펼치는 순간부터 시작된다.

멀리 여행을 갈 때는 미리 도착지의 정보를 수집하는 일도 해야 한다. 현지 날씨와 문화, 그리고 역사에 관한 공부를 해 놓으면 실수를 줄이고 더 많은 것을 경험할 수 있다. 물론

이색적인 환경에 들어가는 것 자체로 내면의 묵은 것들이 환기되기는 하지만, 적극적으로 준비하다 보면 다양한 것들을 배우고 그 안에서 즐거움을 얻게 된다.

떠나기 전에 해야 할 일이 또 있는데 바로 집 청소다. 방 정리, 쓰레기통과 냉장고 비우기 등. 만약 함께 가지 않는 식구가 있을 때는 이것저것 단속도 단단히 시켜야 한다. 그러고 보면 홀가분한 여행을 위해 선행해야 할 일들이 간단하지만은 않다.

며칠간의 여행도 이렇게 많은 준비가 필요한데, 언젠가 떠나게 될 하늘나라에서의 삶은 어떻게 준비해야 할까. 내 손에 들린 죽음이라는 티켓은 미래의 어느 날 영원한 나라로 떠날 것을 예고한다. 일시가 적혀 있지 않으니 언제라도 떠날 수 있도록 준비하고 있으라는 뜻인가 보다.

일단 가방 지퍼를 열어 보자. 가져갈 것들을 챙기다 보면 이 땅과 비교할 수 없이 좋은 나라에 대한 기대감이 생길 것 같다. 무엇을 넣으면 좋을까. 파우치 하나에는 충성을 담고 다른 하나에는 사랑과 인내를 담아야 정석이겠지. 내용물이 좀 많으면 좋겠는데 이건 앞으로의 나에게 달린 것 같다. 창

피한 것들은 가져갈 수 없어서 정말 다행이다.

하늘나라에 대해 자세히 좀 알면 좋겠는데 SNS에 사진 한 장이 없다. 현존하는 어떤 이미지로도 그곳을 표상할 수 없어서 그런 것 같다. 이 세상에 완전함은 단어로밖에 존재하지 않으니 완전한 천국을 묘사하기란 불가능한 것이 당연하다. 하지만 우리의 관계 속에서 잠재되어 있던 무형의 하늘나라가 드러날 때마다 그곳 온도를 느껴볼 수 있어서 다행이다.

이 땅에 남기고 갈 수밖에 없는 나의 것들은 간결하고 아름답길 바란다. 관리할 수 있을 만큼만 소유하되 그 모든 것이 '나'다운 선택의 결과물들이면 좋겠다. 그러므로 나에 대한 감각을 잃지 않기 위해 보고, 생각하고, 그리고, 쓰는 노력을 게을리하지 않을 것이다. 소중한 삶의 한 부분이라도 넘치거나 모자라지 않도록 성실히 관리해야지. 이렇게 준비하며 살아가다 보면 체크인의 순간이 왔을 때 설렘도 있지 않을까 하는 기대를 해본다. 그리고 무엇보다 그곳에는 오래도록 기다려 온, 대면하여 만나 뵙고 싶은 분이 계시지 않은가.

정직 1회분

'돌아갈까, 그냥 갈까. 돌아갈까, 그냥 갈까'를 다섯 번쯤 반복했을 때 나는 걸음을 휙 돌려 출발했던 곳으로 되돌아갔다.

"저, 제가 조금 전에 쓰레기봉투 20리터짜리 샀는데, 10리터로 계산하신 것 같아요."

마트 사장님이 더듬더듬 영수증을 확인하며 돈을 더 받았다는 건지, 덜 받았다는 건지 헷갈려하는 눈치다. 그도 그럴 것이 더 낸 돈을 받으러 가는 사람은 있어도 덜 낸 돈을 더 내러 가는 사람은 많지 않지 않은가. 그것도 겨우 420원을.

식료품을 구매하며 20리터짜리 쓰레기봉투를 샀다. 계산하고 나와 영수증을 버리려는데 찍혀 있는 숫자가 눈에 거슬렸다. 10L—420원. 쓰레기봉투의 가격을 자세히 본 적이 없었기에 두 종류의 가격이 같아서 상관없나 싶었지만, 물어볼 타이밍을 놓쳤다. 께름직한 기분으로 상가 정문을 나서려는데 갑자기 머릿속에 달린 렌즈가 작동하기 시작했다. 과거가 보이는 스릴러 영화의 한 장면처럼 예전에 계산했던 영수증의 한 부분이 확대되어 보였다.

20L—840원.

그때부터 시작된 고뇌가 '돌아갈까, 그냥 갈까'였다.

사실 과거에 이런 비슷한 일이 몇 번 더 있었다. 모두 내가 아니라 상대방의 실수였다. 하지만 때마다 늘 돌아가 제값을 지불했다. 그런데 이번엔 이미 많이 걸어 나왔고 차액이 적기도 해서 그냥 가던 길을 가고 싶었다. 하지만 그동안 내가 가던 길은 이 길이 아니었다. 집 방향으로 걸음을 떼려고 할 때마다 마음에 뿌연 안개가 흩날렸다.

하나님이 나에게 종종 내미시는 시험지의 과목은 수학이

아니다. 그러니 애초부터 금액의 크고 작음은 문제와 아무 상관이 없었다. 그렇다면 체육인가. 그것도 아니다. 돌아서 걸어갈 정도의 근력은 언제나 있다. 이번 문제의 답을 이미 알고 있던 나는 급정차 후 유턴했다.

이로써 하늘나라행 짐 가방에 파우치 하나가 늘었다.
내용물은, '정직 1회분'.

응원해

교회 언니 오빠들을 따라 처음 야구장에 갔던 날, 나는 누구보다 상기된 표정을 하고 있었다. 현장의 생생함이란 눈앞에서 펼쳐지는 광경이 현실이 아닌 것 같은 착각마저 들 정도였다. 야구방망이가 공을 정확히 때리는 소리가 울린다. '탕!' 그 순간의 쾌감은 어디서도 맛볼 수 없는 것이었다. 1루를 향해 달리는 타자는 정말 빠르기도 했다. 경기는 내내 던지고 휘두르고 달리는 것의 반복이지만 조금도 지루하지 않았다.

경기도 흥미진진했지만, 더욱 인상 깊었던 것이 있다. 관람석에서 터져 나오는 응원이었다. 옥수수처럼 빼곡히 자리를 채운 사람들은 응원 단장의 지시에 따라 구호를 외치고 응원가를 불렀다. 그럴 때면 그들은 완전히 하나가 되었다. 낯선 관찰자로 앉아 있던 나 또한 어느새 그들 중 일부가 되어 있었다.

응원 중에도 가장 마음이 벅차오르는 때가 있었는데, 타자가 바뀔 때마다 선수의 이름을 크게 외쳐 주는 것이었다. 사람이 태어나서 수천 명의 사람들로부터 동시에 이름이 불릴 확률은 얼마나 될까. 응원의 크기만큼 부담도 있으리라 생각되지만 어쨌든 선수들이 특별한 삶을 사는 것만은 분명했다. 그날 이후로 나는 야구가 좋아졌다.

이러므로 우리에게 구름 같이 둘러싼 허다한 증인들이 있으니 모든 무거운 것과 얽매이기 쉬운 죄를 벗어 버리고 인내로써 우리 앞에 당한 경주를 하며_ 히 12:1

야구장의 모습이 말씀 속에 그대로 있다. 우리는 선수인데, 우리에게 응원단도 있다. 그것도 구름같이 둘러싸고 있단다. 야구장의 응원은 아무리 달다고 해도 도넛의 반쪽밖에 안 된다. 나머지 반은 상대편 좌석이기 때문이다. 그러나 우리의 응원석에는 적군이 없다. 온통 하나같이 내 이름을 불러주고 있다. 나와 같은 길을 걸었던, 아니 나라면 감당하기 힘들었을 핍박을 견뎌 낸 믿음의 선배들이 모두 나의 승리를 기원하고 있다. 그들의 함성이 들리는가? 믿음의 길을 걷는 우리에게 외로운 싸움이란 없다.

이 세상을 떠나는 날 내 자리가 경기장에서 응원석으로 옮겨지면, 그곳에서 나 또한 힘차게 땅에 남은 경주자들을 응원할 것이다. 그땐 들리도록 말해 주지 못할 테니 이곳에 미리 적어 두어야지.

"내가 지금 너의 이름을 외치고 있어!
그러니 끝까지 믿음의 길을 가렴!"

나는 천국에 가서도 참 할 일이 많겠다.

미래는 새것이다.
모든 가능성이 열려 있다는 말이다.
믿음은 경험과 지식을 떠나
예상치 못했던 새 일을 기대하는 것이 아닐까.

창조의 근원이시며
능력이 무한하신 하나님 안에서.

Part 5

꿈꿀 수 있어서

목소리를 만나다

목소리에 대한 생각은 사춘기 때 시작된 것 같다. 학창 시절을 떠올려 보면 반에서 인기 있는 친구들은 목소리가 하나같이 까랑까랑하고 시원했다. 반면 나는 상대적으로 목청이 작아서 멀리 있는 친구를 부를 때면 내 목소리는 대부분 왁자지껄한 소리에 묻히곤 했다. 그럴 때마다 목소리가 커서 다른 소리들 밖으로 튀어나오는 친구들이 부러웠다.

내향적 외향성을 가진 나에겐 분출하고 싶은 욕구와 숨고 싶은 욕구가 공존한다. 기본적으로 활동적인 성향의 사람이 내향성을 갖게 된 이유에는 모르긴 몰라도 튀지 않는 용량의 목소리가 한 지분을 차지할 것이다. 만약 내 목소리가 뛰어난 고음이었다면 나는 분명 사람들 앞에 서서 노래를 부르는 사람이 되었을 거다.

정말이지 나는 가수들을 동경한다. 내가 좋아하는 음색은 주로 한 꼬집의 쇳가루가 섞인 듯한 소리인데, 듣고 있으면 노래가 나를 사르르 덮어 주는 것 같다. 그들은 대체 어떤 경로로 호흡을 내보내길래 이토록 심장을 관통하는 소리가 나는 걸까. 나에게 있어 노래 잘하는 사람들은 미지의 영역에 있는 신비다.

사람들은 보편적으로 다른 예술 활동보다 노래를 더 가깝게 생각하는 것 같다. 아무한테나 그림 그리기는 안 시키면서 노래는 시킨다. 교회에서도 그렇다. 실력의 어떠함과 상관없이 사람들 앞에서 노래해야 하는 때도 생긴다. 그러면 나는 덤덤한 표정에 그렇지 못한 말투로 속말을 한다.

'나는 잘하는 것도 많은데, 굳이 앞에 나가서 노래까지 할 필요는 없잖아요?'

그런데 요즘 전에는 몰랐던 내가 새롭게 발견된다. 신기하게도 말하는 내 목소리가 괜찮다. 항상 그런 것은 아니지만 나쁘지 않다고 느껴질 때가 있다. 주로 공적인 자리에서 그렇다. 그러고 보면 사람이 내는 소리는 단순히 성대의 영향으로만 완성되는 것이 아닌 모양이다. 경험이 소리에 힘을 실어 주고, 좋은 성품과 생각이 소리의 품격을 만들어 주는 듯하다. 느리게 말해도 마음이 조급해지지 않을 수 있는 나이가 되니 확실히 소리가 전보다 조금 더 단단해진 느낌이다. 나 혼자만 알 수 있는 변화일 테지만, 그 미세한 변화를 만든 것은 이제까지 겪었던 수많은 시행착오와 그로 인한 배움일 것이다.

나이의 진행과 목소리가 점점 발을 맞추어 간다. 나이에 어울리는 소리를 갖는다는 것은 미래에 더욱 기대할 만한 부분이다. 만들어진 소리와 만들어지고 있는 소리가 다르다. 목소리를 피해 숨어 버리던 나는 이제야 겨우 내 목소리를 만나기 시작했다.

새로운 고민이 생겼다. '앞으로 소리를 내어 어떤 말들을 할 것인가'이다. 소리와 말, 그 둘이 이질감 없이 어우러져야 할 텐데.

Lee Eunhye

꿈 바구니

사야 할 물건과 사고 싶은 물건이 있다. 보통 사고 싶은 물건은 당장 필요하진 않지만 있으면 삶의 질을 높이는 것들이다. 이렇게 필수가 아닌 선택적으로 구매할 수 있는 제품들은 온라인 장바구니에 장기간 저장된다. 그러다가 가끔 생각나면 장바구니를 열어 확인한다. 가끔 눈여겨보았던 제품이 할인이라도 한다면 합리적인 가격에 소소한 기쁨을 얻을 수 있다.

장바구니는 비교적 안전한 공간이다. 일단 장바구니를 사용하는 데에는 비용이 전혀 들지 않는다. 물건을 마구마구 집어넣어도 결제 전까지는 통장이 공격받지 않는다. 게

다가 제한 없이 물건을 집어넣기도 하고 꺼내 놓을 수도 있다. 재미있는 점은, 담아 놓은 시간이 오래될수록 장바구니에 있는 것들과 친해진다는 것이다. 어떤 것들은 이미 우리 집에 있는 것 같은 익숙함마저 생긴다.

꿈을 갖는 것이 어렵거나 두려운 사람이 있다면 마음에 꿈을 담는 바구니를 하나 그려 놓으면 좋겠다. '꿈 바구니'에는 모든 것을 담을 수 있다. 보는 사람도 없으니 '네가 그것을 꿈꾼다고? 어림없지'라고 생각할 수 있는 사람은 자기 자신뿐이다. 나만 나의 가능성을 모든 것에 열어 둔다면 내 꿈을 비웃을 사람도, 비난할 사람도 없다. 서둘러 장바구니를 비우지 않아도 될뿐더러 그 안에 있는 것들은 아무리 오래되어도 빛이 바래지 않는다. 생각나는 꿈들을 바구니에 넣어 놓고 때마다 열어 그것들과 친해지는 것부터 하면 된다. 우리 모두 그런 경험이 있지 않은가. 오래 두고 본 그 물건이 어느 날 우리 집 문 앞에 도착해 있는, 온 세상이 내게로 온 것 같은 기분을 느껴 본 경험 말이다.

꿈도 그런 것 같다. 소중한 내 꿈을 자꾸 보면서 그것을 얻기 위한 노력과 시간의 비용을 차근차근 낼 때, 그런 일상이 쌓여 마음에만 있던 것들이 삶으로 보여지기 시작한다. 꼭 그 꿈들이 전부 이루어지지 않으면 어떤가. 꿈을 꿀 수 있었다는 용기가, 그리고 내 안에 나의 것들을 담아 오랜 시간 보아 주었다는 소중한 시간이 나를 조금 더 괜찮은 사람으로 성장시켜 줄 것이 분명한데.

몸을 불편하게

작년까지만 해도 우리 집엔 푹신한 의자가 하나도 없었다. 몇 개 되지 않는 의자라곤 전부 딱딱한 나무 의자였다. 지금의 환경에 안주하지 말자는 의지이기도 했고 작업을 집에서 하기 때문에 긴장도를 높이자는 뜻이기도 했다.

몸이 불편할수록 정신은 살아난다는 나만의 경험적 신념이 있다. 정말 그렇다. 체력이 떨어질 때는 잠시라도 잠을 자야 하지만, 반대로 이유 없이 편한 자리에 앉아 있다 보면 99.9퍼센트의 확률로 자고 싶어지거나 실제로 잠이 든다. 그렇게 불필요한 잠을 자고 나면 기분이 썩 좋지 않다.

우리 몸에는 내가 아는 것보다 더 많은 능력이 있다. 아주 오래전 내가 미대 입시를 준비할 때만 해도 상당수의 미술 학원에는 체벌이 있었다. 시간 안에 그림을 완성하지 못하면 일렬로 서서 매를 맞았다. 요즘은 상상도 못 할 일이지만 그땐 그랬다.

엉덩이가 따끔해지고 나면 수강생 모두 초인적인 힘을 발휘했다. 손이 보이지 않도록 선을 그어대고 나면 그림이 넉넉히 완성되었다. 지금도 내 머릿속에 남아 있는 그 현장은 분주하게 날리던 흑연 가루와 이마에서 흐르는 땀 냄새로 가득하다. 체벌이 없어도 열심히 했을 나인데, 그때를 생각할 때마다 억울하긴 하다. 그러나 정신을 바짝 차릴 때 몸에서 자신도 모르는 능력이 나온다는 사실은 인정하게 되었다.

얼마 전 아이들의 정서를 위해 폭신한 소파를 들여놓았다. 마음 편히 앉을 곳이 있으니 집이 집다워졌다. 아이들이 소파에서 뒹굴 때마다 몹시 마음이 좋다.

그 사이 나에겐 새로운 작업 습관이 하나 생겼다. 글을 쓰다가 생각이 멈출 땐 양손을 둥글게 모아 서로 부딪치는 것이다. 두 손이 마주쳐 탁탁 소리를 내고 나면 정신이 조금 맑아진다. 일부러 시작한 것은 아닌데, 어느 날 보니까 내가 무의식중에 그러고 있더라. 몸을 토닥여 주거나 귀를 한 번

씩 주물러 주는 것도 좋다. 뭐 이리 구체적으로 쓸 일인가 싶지만 도움이 되는 방법이라 공유해 본다. 몸에 적당한 긴장감을 줄 수 있는 자신만의 방법을 생각해 보면 좋겠다. 낮 동안 몸을 잘 깨워야 밤잠이 달다.

정신이 깨어서 몸을 움직일 때도 있지만, 몸이 깨어 있으면 정신도 살아난다. 자꾸 눕자고 하는 몸을 격려해 주자. 우리 이제 일어날 때가 되었다고. 세상을 보라고. 할 일이 많다고.

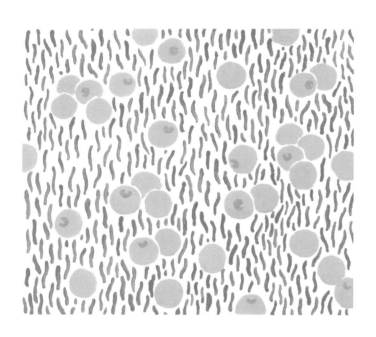

조언

누군가 나에게 그림과 관련된 조언을 구한다면 빼놓지 않고 강조하는 것이 있다. 바로 '관찰'이다. 관찰은 대상에 따라 두 가지로 나뉘는데 '사물'에 대한 관찰과 '상황'에 대한 관찰이다.

비전공자들에게 거울을 주고 자기 얼굴을 사실적으로 그려 보라고 했을 때 점 눈에 일자 코만 그리는 사람은 이제까지 아무도 없었다. 털 하나라도 구체적인 표현이 꼭 들어간다. 표현력은 보는 것에서부터 길러진다. 눈은 정보를 읽어 들이고 손은 그것을 재현해 낸다.

눈과 손은 서로 다른 감각을 가지고 있지만 일사불란하

게 협동한다. 단순한 드로잉을 하더라도 머릿속에 있는 모호한 형체를 그려 내는 것과, 관찰하여 알게 된 형태를 단순화시키는 것에는 큰 차이가 있다. 그래서 나는 칭찬할 때 뭉뚱그려 '잘했다' 보다 '관찰을 열심히 했다'는 식의 언어를 사용할 때가 많다.

우리 아이들은 둘 다 미술에 재능을 보이지만 나는 아직 그들에게 정형화된 기술을 가르쳐 주지 않는다. 내가 작가로서 아이들에게 하는 유일한 교육은 주위의 사물이 어떻게 생겼는지, 또 어떤 색을 띠고 있는지 함께 관찰하며 살피는 것이다.

관찰도 하나의 습관이 된다. 우리는 본 것을 토대로 축소, 확대, 삭제, 추가, 변형, 조합 등을 하며 자신만의 느낌을 찾아간다. 이 작업을 오랜 시간 꾸준히 하다 보면 소위 말하는 잘 그린 그림을 그릴 수 있다. 그러므로 관찰력이 곧 실력이다.

사물에 대한 관찰이 시각적 표현 능력을 증가시킨다면 상황에 대한 관찰은 표현하고자 하는 내용을 제공해 준다. 나는 작업에 앞서 이 고민에 대부분의 시간을 할애한다. 우리 삶에 놓인 어떤 장면이나 상황을 보며 호기심을 가지고

분석해 나갈 때 그 안에 많은 이야기가 펼쳐지는 것을 경험할 수 있다. 차가 다니지 않는 횡단보도에 서 있을 때, 바다에서 파도의 움직임을 볼 때, 그리고 놀이터에서 아이를 지켜보는 엄마의 시선만 따라가 보아도 표현할 수 있는 여러 가지 주제와 소재가 나타난다.

그렇게 보자면 세상에 펼쳐진 모든 장면 속엔 우리가 얻을 수 있는 통찰이 숨겨져 있다. 그래서 상황을 관찰할 때는 그중 나는 무엇에 집중할 것인가에 대한 고민이 동반된다. 눈앞의 모든 것이 아닌 나의 관심과 세계관에 어울리는 것들을 선택적으로 보아야 하는 것이다. 이 선별적 관찰의 과정을 통해 예술가는 작업에 대한 본질적인 질문에 도착한다.

'나는 무엇을 어떻게 표현할 것인가.'

단순하지만 결코 단순하지 않은 질문에는 수명이 없다. 작업하는 내내, 아니, 살아 있는 동안 예술가의 머리를 떠나지 않는다. 내가 어떤 주제와 표현법에 흥미를 느끼는지 찾아가다 보면 역으로 나 자신이 어떤 사람인지 알게 된다. 관찰은 외부세계의 자극으로부터 시작되지만 그것들이 내 안에서 나의 것들로 풀어질 때 화면에 꽃이 핀다. 그런 면에서 예술은 나를 표현함으로 자아를 발견하는 과정이기도 하다.

이 모든 것을 통해 궁극적으로 '나'를 관찰하여 알게 되는 것이다.

하나님은 모든 사람에게 각각 다른 감각과 개성을 주셨다. 하나님이 조성하신 유일무이한 나라는 존재의 독창성을 스스로 발견해 나가는 것은 비단 예술가뿐만 아니라 피조물의 특권이자 의무라고 생각한다. 자연을 보며 감탄하는 사람이란 존재는 그것보다 더 아름답기에.

내가 관찰에 대한 이야기를 장황하게 하는 이유는 관찰의 중요성이 모든 영역에 동일하게 적용되기 때문이다. 말씀을 성실히 관찰하는 목사님에게 좋은 설교가 찾아오고, 선생님은 아이들을 세밀히 관찰해야 안전하게 돌볼 수 있으며, 의사는 환자의 몸과 증상을 치밀하게 관찰해야 병명과 치료법을 정확히 판단할 수 있다. 그뿐인가. 아기는 엄마의 입 모양을 관찰하며 말을 배우고, 사람들은 상대방의 마음을 세밀히 살펴야 공감할 수 있다. 사람의 마음을 헤아릴 수 있다면 바람직한 말과 반응에 대한 지혜가 생긴다. 그러니 전공을 불문하고 관찰을 열심히 하라는 말은 기억하고 실천하면 좋을 진정성 있는 조언이다.

나에게 휴식은 능동적 관찰하기를 잠시 멈춘다는 뜻이기도 하다. 쌓아 두었던 것들을 고르는 시간도 필요하다. 그러나 그마저도 관찰하기의 연장선 상에 있으니 예술가로서 내가 역설할 수 있는 명제는 '나는 관찰한다. 고로 나는 존재한다'라고 해도 과언이 아니겠다.

한 점이라도

어린 시절 무엇을 하며 놀았었는지 기억을 되짚어 보면, 나는 그림을 그리고 있었다. 누가 시키지 않아도 재미있어서 그랬던 것 같다. 디즈니 캐릭터 따라 그리기를 유난히 좋아했던 나는 학창 시절 친구들의 미술 숙제를 대신 해주는가하면, 그림으로 좋은 성적을 얻기도 했다. 그러니 입시를 앞두고 미대 진학을 생각하는 것은 자연스러운 흐름이었다.

입시를 위해 1년이 넘는 시간 동안 어깨를 다칠 정도로 쉬지 않고 그림을 그렸다. 그러고 나서 나는 회화과에 입학했다. 캔버스를 대할 때마다 하나님의 영광을 위해 그림을 그려야겠다는 생각뿐이었다. 하나님을 떠난 현대미술의 현실을 마주하면서 그때부터 나는 하나님의 영광이 예술계 안에서 회복되는 일을 꿈꾸었다.

'막을 수 없다면 더 많은, 좋은 것들을 생산해 내는 것.'

내가 생각할 수 있었던 대안이다. 작품은 작가를 그대로 반영하기 때문에 작품이 영화로워지기 위해서는 작가가 온전히 하나님 안에 거해야 한다. 하나님의 사람들이 끊임없이 손을 움직여야 한다. 그들의 손에서 탄생한 결과물은 어떤 형태로든 하나님을 드러낸다.

세상과 다른 길을 간다는 것은 계란으로 바위 치기 같을 테지만, 하나님 손에 들린 계란은 바위보다 단단하고 강할 수밖에 없다. 그분의 손에 들리기만 한다면 모든 것이 가능하다. 예술의 조류가 하나님에게로 유턴하는 길에 내 삶이 한 점이라도 찍을 수 있다면.

어느 때라도 그림이 쉬웠던 적은 없다. 재미있지만 굉장히 어려운 과정을 거쳐야만 하는 작업이다. 그러나 나는 오늘도 곤히 잠든 아이들의 얼굴을 확인하고 나와, 제일 작은 붓을 들어 무한한 하나님 나라를 표현할 준비를 한다. 이 시간들이 쌓여 1도의 변화를 일으키리라는 믿음으로.

fruitful

부산에서

    부산에 온 지도 벌써 5년이 지났다. 서울 토박이인 남편과 나는 사역지를 이동하면서 연고 없는 이곳에 오게 되었다. 생활 터전이 바뀌어 여러 가지 어려움이 많았지만 살다 보니 바다가 이렇게 좋았나 싶다. 물과 하늘의 짙푸름과 눈에 거스를 것 없이 탁 트인 경치가 언제나 마음을 시원하게 해준다.

    바다마다 얼굴이 다르다는 것과 우리나라에 태풍이 꽤 자주 찾아온다는 사실도 이곳에서 새롭게 알았다. 어떤 바다는 대형 무역선과 레고처럼 쌓인 컨테이너들로 장관을 이루고 어떤 바다는 정박해 있는 고기잡이 배들과 하얀 등대로 고즈넉한 정취를 느끼게 한다. 돌이 많은 바다는 웅장하며 모래가 많은 바다는 포근하다. 해안을 두른 윤슬이 무한히 반짝이는 부산의 매력은 정말 끝이 없는 것 같다.

한 나라에서도 지역마다 정서가 조금씩 다르다. 다름은 말과 환경에서 드러난다. 부산말의 억양은 파도의 높낮이를 닮았고, 동네 중 다수는 휴양지의 감성을 담고 있다. 한 가지 독특한 점은 이곳에 살면서 남북전쟁과 관련된 이야기를 종종 듣게 된다는 것이다. 부산의 밀면은 전쟁 당시 이북에서 내려온 피난민들이 고향 음식인 냉면을 그리워하여 밀가루로 만들어 낸 음식이라고 한다. 씹을수록 고소하고 쫄깃한 면이 육수와 어우러져 참 담백하다.

6.25 전쟁 때 피난민들이 부산까지 내려와 거주했었다는 사실은 전부터 알고 있었다. 아빠도 당시 할머니의 손을 잡고 이북에서 내려와 거제도에서 지내셨다고 했다. 돌아가신 할머니 손에는 산에서 나무하고 장사하며 끼니를 연명하셨던 배고픈 시절의 상처가 있었다. 그렇게 생명을 지켜 오신 할머니와 부모님의 고생이 있었기에 내가 세상에 나서 살아간다. 그래서 나는 시원한 밀면이 애잔하다.

관련된 이야기가 하나 더 있다. '개 판 5분 전'이라는 말의 유래다. 전쟁 당시 부산에 모였던 피난민들에게 음식을 제공하기 위해 커다란 솥에 음식을 했는데, 뚜껑을 열기 전 줄을 서라는 신호로 "개(開) 판 5분 전!"을 외쳤다고 한다. 그래서 이 말은 배식대 주변으로 사람이 모여들어 아수라장이 된 모습을 의미한다. 그러나 지금의 사람들은 그 기원을 모르고 사용하는 경우가 많은 것 같다. 알고 나면 가볍게 쓸 수 없는 말인데도.

부산의 바다는 그때도 아름다웠겠지만, 뭍엔 그와 대비되는 아픔이 가득했을 것이다. 지금 내가 사는 지역은 고층 빌딩의 조명들이 바다의 빛방울보다 더 화려하게 빛나고 있다. 먹을 것이 없어 끼니를 거르는 사람은 보기 힘들고 오히려 수많은 먹거리 속에 사람들은 더 맛있는 것, 더 좋은 곳을 찾아다닌다. 나도 맛집에 줄을 설 때가 있지만 왜 이렇게 사람이 몰리냐며 볼멘소리만 했지 이 모든 것이 하나님의 은혜라는 생각은 하지 못했다.

역사의 흐름 속에서 본다면 현시점에는 감사와 행복만이 넘쳐야 마땅하지 않을까. 그런데도 우리는 다른 이유로 또다시 생명을 잃어 가고 있지는 않은지. 영적인 빈곤으로부터 시작된 공허와 우울, 그리고 사회 병리 현상에 따른 분노와 무감각은 이미 보이지 않는 무기가 되어 버렸다. 나 스스로가 적군이 되어 버린 전쟁에 승자가 있을까. 원인을 깨닫지 못한다면 모두 패자가 되고 말 것이다. 이 전쟁의 승리는 이기는 것이 아니라 돌이키는 것에 있다.

하나님은 잠시 놓아두긴 하셔도 포기하는 법이 없으시다. 여전히 우리를 향해 꿈꾸신다. 우리가 하나님의 백성답게 살아가는 꿈 말이다. 시대를 막론하고 삶을 파고드는 고통 속에서 누구 하나 움츠러들지 않고 영적인 기개를 갖고 살아가는 꿈. 하나님이 그 꿈을 이루어 가실 것이다. 빛은 아직 여기에 있다.

다만 구하는 것은,
빛이 남쪽에 비추어 북쪽으로 그늘이 졌으니
주님, 이제는 정오의 빛을 비추서서
남과 북 그 어디에도 어둠이 없게 하소서.

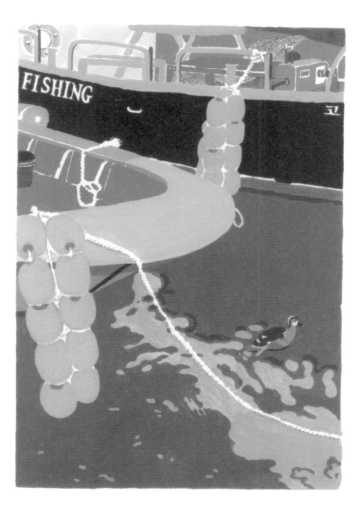

남겨진 꿈

나는 다큐멘터리를 찍고 싶었다. 뜬금없는 말 같지만 나는 정말 한때 인물 다큐멘터리를 찍었었다. 방송용 카메라를 가지고 주인공의 동선을 따라가며 누군가의 삶을 영상으로 담아냈다. 한 컷이 길어질 때면 팔이 애처롭게 후들거렸지만 숨을 참아 가며 버텨 낼 정도로 열정이 있었다. 솔직히 말하면 마음에 드는 장면이 담길 때의 순간적인 쾌감은 그림이 주는 것보다 컸다. 그림이 시간을 들여 한 화면에 이미지를 표현해 내는 것이라면, 영상 촬영은 순발력 있는 감각을 초 단위로 발휘해야 한다. 힘은 들지만 재미있다. 이동하는 길에 차만 타면 입 벌리고 자기 바빴으나 깨어 있을 때의 나는 늘 신나 있었다.

다큐멘터리의 장점 중 하나는 '사람'을 만날 수 있다는 것이다. 한 사람의 삶을 세밀히 들여다보면 희로애락의 흐름이 그리 단순하지 않다는 것을 알게 된다. 여기에도 슬픔이 있고 저기에도 슬픔이 있다. 그러다가도 그사이 어디쯤에서 기쁨이 튀어나온다. 모두 비슷해 보이지만 하나라도 같은 모양이 없는 것이 우리의 삶이다.

삶이란 글자도 참 복잡하게 생겼다. 각기 다른 자음과 모음 네 조각이 오밀조밀 모여 있다. 받침이 되는 리을(ㄹ)과 미음(ㅁ)은 무엇을 의미할까. 모르긴 몰라도 삶에 절대적으로 필요한 것들인가 보다. 두 개가 멀어져 버리면 시옷(ㅅ)은 데굴데굴 굴러떨어질 테니.

한 편의 다큐멘터리 속에는 주인공과 관련된 여러 사람의 증언도 필요하다. 자료를 수집하기 위해 다양한 계층과 직업의 사람들을 만날 수 있었는데, 일이 아니었다면 만나기 어려운 분들을 대면하기도 했다. 그들의 태도는 하나같이 친절했고 사용하는 언어들은 내면에 어떤 굳건한 신념이 있음을 느끼게 했다. 짧은 시간이라도 긴 여운이 남는 만남이었다.

인터뷰 영상을 찍을 때면 대상자들의 정보를 나타내기

위해 직접 미장센을 만들기도 했다. 정말 마음에 들었던 화면 구성은 지금까지도 기억에 남는다. 미학적인 배경에 적당한 조명이 어우러지면 영화 같은 장면이 연출된다.

촬영이 끝나면 작업은 편집이라는 새로운 국면으로 접어든다. 연극으로 치면 제2막이다. 타임라인에 나열된 모든 컷이 소중하지만, 사용할 부분과 버릴 부분을 선택해야만 한다. 영상의 1초는 다시 29프레임으로 나뉘는데, 편집에 몰두하다 보면 프레임 단위의 고민에 빠진다. 이럴 때는 예민하고 과감한 결단이 필요하다. 아마도 그때 버리는 훈련을 잘해 두었나 보다. 지금도 필요 이상의 물건이 있으면 서슴없이 집 밖으로 내놓는 것을 보면. 추구하는 스타일은 과거나 현재나 영역을 넘어 한결같다. 더하거나 모자람 없이 깔끔하고 담백하게.

창작물은 창작자가 가지고 있는 색깔을 통해 출력되므로 같은 주제를 가지고도 모두 다른 결과물을 낸다. 누가 찍고 편집하느냐에 따라 중심 내용과 구성이 달라진다. 하나님의 창조 원리로부터 비롯된 이 다양성은 앞으로도 세상에 끊임없이 새로운 결과물들을 배출할 것이다. 한 편의 작품이 완성되기까지 시청각적 감각에서부터 기획과 구성력 그리고

순발력에 체력까지 요구되니 영상작업은 종합예술이라고
말하기에도 부족한 것 같다.

세월이 지나 나는 다시 그림을 그리고 글을 쓰는 자리로
돌아와 있다. 영상과 연애를 했고, 그림과 결혼해 글을 낳았
다. 그 모두는 다른 형식이지만 결국 표현하고자 하는 것은
동일하다. 나는 여전히 삶을 들여다보는 일에 관심이 많다.
가끔 카메라를 다시 잡아 보고 싶을 때가 있다. 하지만 그때
와 지금의 몸 상태가 사뭇 다르다. 아이 둘을 낳은 후 허리부
터 손마디까지 안 아픈 곳이 없다. 자신이 없어진다는 게 이
런 느낌인가 싶다. 모험심과 도전정신으로 똘똘 뭉쳐진 나
에겐 참 낯선 감정이다. 카메라를 들고 활짝 웃던 내 모습이
못내 아쉽고 그립다. 혹시 그때의 싱그러움이 그리운 건지
도 모르겠다.

봄이 되면 바람의 기운이 달라지고, 가을이 되면 공기의
냄새가 바뀌는 것처럼 소중하고 익숙했던 것들도 계절을 지
난다. 하지만 지나갔다고 해서 사라진 것은 아니다. 뒤로 물
러나 있을 뿐이다. 그러므로 사라진 꿈이 아니라 남겨진 꿈
이다. 남아 있는 꿈이 많을 수록 삶의 이야기는 풍성해진다.

그리고 또 모른다. 한계를 두지 않으시는 하나님이 타임라인을 만지고 계시니 남겨진 것들이 그 상태로 끝나지 않을지도. 앞으로 내 인생에 어떤 말도 안 되는 이야기가 펼쳐질지 나도 모르겠다.

격투기 선수처럼

늦은 저녁을 먹고 난 남편이 초조하게 컴퓨터 앞에 앉는다. 왜 그러냐고 물었더니 곧 세기의 대결이 펼쳐질 거라고 한다. 정찬성과 맥스 할러웨이의 UFC 이종격투기 메인 이벤트였다. (메인 이벤트는 해당 대회의 마지막 경기를 말하는데, 실력이 뛰어나고 인기가 많은 선수들이 겨룬다.)

소설 《작은 아씨들》을 현실로 옮겨 놓은 듯 네 자매 속에서 자라난 나는 권투나 격투기 같이 때리는 종류의 스포츠에는 전혀 관심이 없었다. 우리에게 있어 제일 신나고 역동적인 스포츠는 맨발의 고무줄 뛰기였다. 그러니 간혹 길거리에 격투기 관련 도장 전단이라도 보일 때면 눈살이 찌푸려지곤 했다. (어릴 적엔 근육맨들의 거친 모습이 담긴 포스터가 전신주와 담벼락에 즐비하게 붙어 있었다.)

격렬한 스포츠에 흥미가 없는 것은 커서도 마찬가지였다. 그런데 결혼하고 얼마 지나지 않아 한쪽 구석에서 격투기 영상을 보며 혼자만의 시간을 즐기고 있는 남편을 목격했다. 이제껏 나와 비슷한 사람인 줄로만 알고 있었는데, 이로써 그는 나와 다른 종류 염색체를 가진 생명체임이 증명되었다. 그가 남편에서 남성이 되어 경기를 주시할 때마다 같이 음악을 즐기고 묵상을 나누던 우리의 동질감은 잠시 길을 잃었다.

생중계가 시작되었다. 집중하고 있는 남편 주위를 어슬렁거리는데 웅장한 록 음악 소리가 들렸다. 응? 어디서 들어봤는데? 유명한 곡인 것 같다. 선수마다 자신을 대표하는 등장곡이 있다고 한다. 지문과 같이 나만의 노래가 있다는 것이 굉장히 멋있게 느껴졌다. 노래에 이끌려 화면을 보다 보니 어느새 선수들이 링 위로 올라와 있었다.

퍽! 퍽! 두툼한 글러브를 낀 손이 마주 서 있는 얼굴을 친다. 점점 그들의 얼굴엔 멍이 들고 피가 터졌다. 차마 눈 뜨고 보기 힘든 장면이다. 하지만 눈을 떼기도 힘들어 실눈을 뜨고 계속 지켜보았다. 두 선수의 실력이 만만치 않다. 계속되는 긴장감 속에 2라운드가 시작되었고, 순식간에 다른 나라 선수가 우리나라 선수의 목을 조르기 시작했다. 우리 선수는 알이 단단히 박힌 팔의 압력을 버텨 내고 있었다. 도저히 견딜 수 없을 때가 오면 포기의 의미로 상대방에게 수신호를 준다고 하는데, 수십 초가 지나도 경기는 중단되지 않았다. 내 숨이 막혀 오는 듯했다. 저러다 죽는 거 아니야? 라고 할 때쯤 감고 있던 팔이 풀렸지만 우리 선수는 이미 모든 체력을 소진한 듯 비틀거렸다. 죽을 각오로 싸우고 있는 그의 다짐과 진심이 넘치도록 전해졌다.

정찬성 선수는 10연속 UFC 메인 이벤트에 나갔을 정도로 우리나라 이종격투기의 전설 같은 인물이란 사실을 경기 후에 알게 되었다. 그리고 이 게임이 16년간 선수 생활의 마침표를 찍는 그의 은퇴 무대라는 것도. 결국 그는 마지막 라운드에서 맥스 할러웨이의 한 방으로 패했지만, 쓰러지면서도 펀치를 휘둘렀다. 그 모습이 슬로모션으로 뇌리에 박혔다. 정신을 잃는 순간에 상대를 향해 뻗은 팔은 생각과 판단에 의해서가 아닌, 육체와 정신에 깊이 새겨진 승리를 향한 갈망에서 비롯된 것이리라. 이 게임에 대한 그의 목표는 자신의 안위마저 멀리 내던져 버린, 오직 승리였다.

"저는 3등, 4등, 5등 하려고 격투기를 한 것이 아니었습니다. 챔피언이 되려고 했는데, 탑 랭커를 이기지 못하니 냉정하게 그만할 때가 되지 않았나 합니다."
경기 직후 인터뷰에서 그가 한 말이다.

경기가 끝난 후 헛헛한 마음을 달래기 위해 남편에게 잽을 날려 본다. 남편도 장난스럽게 받아 준다. 앞으로 또 다른 이종격투기 경기를 볼 수 있을지는 자신 없지만, 오늘의 경기를 볼 수 있어서 영광이었다. 이종격투기는 진정한 스포츠였다.

경기의 준비 과정을 담은 영상을 찾아보았는데 시작 전부터 끝날 때까지 선수들은 서로에 대한 예의와 존경이 있었다. 그들은 오랜 시간 강도 높은 훈련을 했고, 경기 직전엔 온몸의 수분을 빼며 체급 조절을 했다. 승리를 향한 그 모든 과정은 이미 인간의 한계를 뛰어넘은 듯했다. 비록 경기에는 졌지만, 선수는 결코 실패자가 아니었다. 죽을 만큼 노력한 사람에게 후회가 남을 리 없다. 그는 승리를 향한 투지와 갈망의 최고점에 닿은 사람이었다.

나는 언제부턴가 목적 지향적이 아닌, 과정 지향적 삶을 살고 있다. 목적한 바를 전부 이루지 못해도 과정이 아름다우면 괜찮다는 생각이다. 그 신념에는 변함이 없지만, 과정에 집중하다 보니 오히려 이루어 내야 할 목표를 망각할 때가 있다는 것을 깨달았다. 오늘의 격투기 선수처럼 절대적인 목표를 향해 자신을 아낌없이 바쳐 본 적이 있었던가. 나름 잠을 줄여 가며 부지런히 산다고 자부해 왔는데 오랜만에 더한 사람을 보며 고개가 저어졌다.

도달해야만 하는 목표 지점이 구체적이고 명확할 때 과정에 치열함이 더해진다. 그럴 만한 가치가 있다면 더욱 그래야만 한다. 우리가 사명이라고 부르는 목표들만큼 이루어 내야만 하는 당위성을 가진 것들이 세상에 또 있을까. 오늘부로 사명을 꼭짓점에 두고 돌진하는 파이터가 되어 보기로 한다.

그렇게 살아 보자.

맞지 않기 위해 때리는 것이 아니라,

이기기 위해 주먹을 날리는 선수처럼.